INTERPRETATIONEN DEUTSCH

Uwe Timm
Die Entdeckung der Currywurst

Interpretiert von
Hans-Georg Schede

STARK

Bildnachweis
Umschlagbild: Schwarz-Weiss Film/Cinetext
S. 3: Isolde Ohlbaum, München
S. 14: Sammlung Bera, Bildagentur Hamburg
S. 17, 44, 59, 71, 93, 95, 101: Schwarz-Weiss Film/Cinetext
S. 20, 24, 35, 68, 84: Cinetext/Haeselich
S. 85: Deutsches Pferdemuseum Verden

ISBN 978-3-89449-709-5

© 2010 by Stark Verlagsgesellschaft mbH & Co. KG
www.stark-verlag.de
1. Auflage 2004

Das Werk und alle seine Bestandteile sind urheberrechtlich geschützt. Jede vollständige oder teilweise Vervielfältigung, Verbreitung und Veröffentlichung bedarf der ausdrücklichen Genehmigung des Verlages.

Inhalt

Vorwort

Einführung 1

Leben und Werk 3

Inhaltsangabe 15

Textanalyse und Interpretation 37
1 Die Ebenen der Erzählung 37
2 Erzählperspektive 40
3 Charakteristik der Figuren 42
4 Motive und Dingsymbole 65
5 „Die Entdeckung der Currywurst" als Novelle 86
6 Interpretation von Schlüsselstellen 90

Zur Wirkungsgeschichte der Novelle 99

Uwe Timms Konzept eines realistischen Erzählens 102
Worterklärungen 107
Literaturhinweise 110

Autor: Dr. Hans-Georg Schede

Vorwort

Liebe Schülerin, lieber Schüler,

Uwe Timms Novelle *Die Entdeckung der Currywurst* gehört zu den erfolgreichsten Büchern dieses bekannten Autors. Das Werk ist einerseits leicht zu lesen, jedoch auch von einem dichten Geflecht literarischer Motive durchzogen, die sich erst in intensiver Beschäftigung mit dem Text entschlüsseln lassen. Wie eine solche tiefer gehende Interpretation aussehen kann, führt diese Interpretationshilfe vor.

Im ersten Kapitel wird gezeigt, wie eng bei Uwe Timm Leben und Schreiben miteinander verknüpft sind. Das zweite Kapitel bietet eine ausführliche Inhaltsangabe der Novelle. Das dritte Kapitel enthält die Interpretation. Sie beginnt mit Abschnitten zu den Ebenen der Erzählung und zur Erzählperspektive. Danach werden alle wesentlichen Haupt- und Nebenfiguren der Novelle charakterisiert. Der vierte Abschnitt behandelt detailliert die im Text verwendeten Motive und Dingsymbole. Anschließend geht es um die Frage, inwieweit der Text die Gattungskriterien einer Novelle erfüllt. Den Abschluss des Kapitels bilden Modellinterpretationen zweier zentraler Textstellen. Das kurze vierte Kapitel zeichnet die bisherige Wirkungsgeschichte der Novelle nach.

In einem Anhang wird Uwe Timms Konzept eines realistischen Erzählens behandelt. Diesen sollten Sie lesen, wenn Sie sich dafür interessieren, von welchen Überlegungen sich Uwe Timm beim Schreiben seiner Bücher leiten lässt. Der Band schließt mit Worterklärungen und Literaturhinweisen zum Werk Uwe Timms und zur Forschung.

Hans-Georg Schede

Einführung

Im Winter 1992/1993 hielt der Autor Uwe Timm an der Universität Paderborn eine Reihe von Vorträgen, sogenannte Poetikvorlesungen, in denen er sein Selbstverständnis als Schriftsteller und seine Vorstellungen von Literatur erläuterte. Am Anfang der zweiten Vorlesung teilte er mit, an was für einer Geschichte er gerade arbeite: „Wann und wo ist die Currywurst entstanden? Und wer hat sie erfunden? Haben mehrere an diesem Rezept gearbeitet? Oder gibt es einen Entdecker der Currywurst? Mich beschäftigen diese Fragen schon seit Jahren. Jetzt schreibe ich eine Novelle darüber."

Der Erzähler der Novelle *Die Entdeckung der Currywurst*, der dem Autor Uwe Timm in vielen Zügen ähnelt, sucht in Hamburg eine Frau, die er seit seiner Kindheit kennt, im Altersheim auf, weil er sie für die Erfinderin der Currywurst hält und von ihr erfahren möchte, wie es zu dieser Erfindung gekommen ist. Die alte, etwas vereinsamte Frau gibt gerne Auskunft. Ihr liegt aber vor allem daran, einen Zuhörer für ihre Erzählungen von Episoden aus ihrem Leben zu haben, an die sie sich erinnern möchte. Ihrem Besucher mit seinem klar umrissenen Anliegen fällt es oft schwer, einzusehen, was diese Geschichten mit der Erfindung der Currywurst zu tun haben, auch wenn sie beteuert, dass ein Zusammenhang bestehe. Sieben Mal, so teilt er mit, „übte ich mich in Geduld", „half ich ihr, die sich langsam in den Abend ziehenden Nachmittage zu verkürzen." (S. 15) Dennoch gelingt es ihm immer weniger, seine Ungeduld zu verbergen (vgl. S. 136 f., 151, 152 f., 159). Aus den gegenläufigen Interessen der alten Frau Brücker und ihres Besuchers erwächst eine gewisse Komik, die die ganze Novelle durchzieht.

Mit der Zeit wird deutlich, dass die Vorgeschichte der Erfindung, die von Lena Brückers Beziehung zum Bootsmann Hermann Bremer handelt, eigentlich die Hauptgeschichte ist. Frau Brücker hat sich letztlich mit ihren Erzählwünschen gegen ihren Besucher durchgesetzt. Dieser erkennt das an, indem er auch in seiner gestrafften Wiedergabe ihrer Erzählungen, in der Novelle *Die Entdeckung der Currywurst*, die Geschichte ihrer Liebe zu Bremer in den Mittelpunkt stellt.

Die Novelle schildert das Leben einer tapferen Frau, die sich in schwierigen Umständen zu behaupten weiß. Sie erzählt von den Lebensbedingungen unmittelbar nach dem Ende des Zweiten Weltkriegs, von Entbehrung und Gefahr. Sie handelt davon, wie ein Mensch zugleich selbstlos und egoistisch sein kann. Sie stellt die Frage, unter welchen Umständen Unaufrichtigkeit entschuldbar oder zumindest verständlich ist. Und sie führt vor, welche Verstörungen und Verletzungen gleichwohl aus Unaufrichtigkeit erwachsen können.

Verwunderlich ist, warum Uwe Timm sein Buch *Die Entdeckung der Currywurst* und nicht *Die Erfindung der Currywurst* genannt hat – denn offenkundig wird die Currywurst von Lena Brücker nicht entdeckt, sondern erfunden. Vor ihrer Erfindung war die Currywurst ja noch nicht da. Vielleicht ging es Timm darum, die Zufälligkeit des Ereignisses zu betonen, das für Lena Brücker ein unverhofftes Glück ist.

Leben und Werk

Uwe Timm wurde am 30. März 1940 in Hamburg geboren. Er hatte eine 18 Jahre ältere Schwester und einen 16 Jahre älteren Bruder, Karl-Heinz, der sich im Dezember 1942 freiwillig zur SS meldete, achtzehnjährig Panzerpionier in der SS-Totenkopfdivision wurde und im Oktober 1943 in Russland fiel. Über ihn hat Uwe Timm 2003 ein viel beachtetes Buch veröffentlicht, in dem er sich anhand der wenigen überlieferten Lebenszeugnisse und der Familienerzählungen,

Uwe Timm (*1940), Foto: Isolde Ohlbaum, München

die ihm in Erinnerung geblieben sind, über dessen Persönlichkeit – und darüber, was ihn zu einem SS-Mann werden ließ – klar zu werden versucht *(Am Beispiel meines Bruders)*. Dieses Buch beschreibt zugleich die Gefühlswelt des jungen Uwe Timm, die Last, die es für ihn bedeutete, immer mit dem zum unerreichbaren Vorbild verklärten gefallenen Bruder verglichen zu werden, sein inneres Werden, seine Auseinandersetzung mit dem Vater sowie seine Emanzipation von seiner Familie und deren Erwartungen an ihn.

Am 25. Juli 1943, als sich der im **Krieg** eingezogene Vater gerade auf Fronturlaub in Hamburg befand, wurden die Timms **ausgebombt**. Von dem Haus, in dem sie gewohnt hatten, standen „nur noch ein paar Mauerreste", wie der Vater dem älteren Bruder an die Front schrieb (ABmB, S. 37 f.). Im Spätherbst desselben Jahres wurde Uwe Timm mit seiner Mutter zu Verwandten nach Coburg **evakuiert** (ABmB, S. 42). Über die Vorfahren der Coburger Verwandten hat Uwe Timm viel später einen Roman geschrieben (*Der Mann auf dem Hochrad,* 1984). Die Hauptperson, der Tierpräparator Franz Schröder, ist ein Großonkel des Erzählers. Er setzt sich in den Kopf, den Fortschritt in der verschlafenen Provinzresidenz einziehen zu lassen, indem er in Coburg das Hochrad einführt, das er sich aus England hat kommen lassen. Allerdings hat er nicht damit gerechnet, dass das Hochrad schon kurze Zeit darauf selbst altmodisch sein wird, weil mittlerweile das Niederrad (der Vorgänger unserer heutigen Fahrräder), das viel einfacher zu fahren ist, seinen Siegeszug angetreten hat.

Dieser **Rückgriff auf die Familiengeschichte**, auf tatsächliches oder auch nur behauptetes biografisches Material, ist charakteristisch für Uwe Timms Erzählen. Von dem Coburger Großonkel berichtet er, dass die von ihm ausgestopften Tiere „auf eine erschreckende Weise lebendig" gewirkt hätten, was noch heute an einem Gorilla im Londoner Victoria und Albert Museum bestaunt werden könne. Im Buch *Am Beispiel meines Bruders* hingegen erzählt Uwe Timm, dass sein Vater Hans Timm Tierpräparator gewesen sei. Die dafür erforderlichen Kenntnisse habe er sich als Junge bei seinem Onkel in Coburg angeeignet. Er habe unter anderem einen Gorilla ausgestopft, „für ein amerikanisches Museum [...], ich wüßte gern, welches. Vielleicht kann man ihn in einer zoologischen Abteilung in Denver oder Chicago noch sehen." (ABmB, S. 65)

In Coburg erlebte der fünfjährige Uwe Timm im April 1945 das Ende des Krieges, als die Amerikaner in der Stadt einrückten (ABmB, S. 67 f.). Uwe Timm schildert das **Kriegsende als Befreiung**: „Eine Befreiung von den nach Leder riechenden Soldaten, den genagelten Stiefeln, dem Jawoll, dem Zackigen [...]. Die Sieger kamen auf Gummisohlen daher." (ABmB, S. 68) Ganz ähnlich reagiert Lena Brücker, die Hauptfigur der Novelle *Die*

Entdeckung der Currywurst, auf die beiden englischen Offiziere, die nach Kriegsende das Kommando in der Kantine übernehmen, die sie bis dahin geleitet hat. „Elegant sahen die beiden aus in ihren Khaki-Uniformen mit den übergroßen Seitentaschen. Hatten viel weniger Leder am Körper als die deutschen Soldaten, die immer wie schwitzende Pferde rochen, sagte die geruchsempfindliche Frau Brücker." (S. 116) Interessant ist, dass Uwe Timm diese negativ besetzte Sinneswahrnehmung mit der frühesten Erinnerung an seinen Vater verbindet. Die Szene fällt in die in Coburg verbrachten letzten Kriegsjahre: „Der Geruch von verschwitztem Leder, das war der Vater. Ein fremder Mann in Uniform liegt eines Tages im Bett meiner Mutter. Das ist die erste Erinnerung an den Vater. Am Boden stehen die Langschäfter [...]. Ich sah ihn mit offenem Mund daliegen und schnarchen. Er war auf Urlaub gekommen. Rieche ich an dem Armband meiner Uhr, ist er wieder da, dieser Geruch nach verschwitztem Leder, und er, der Vater, ist mir körperlich nah wie durch keine der bildhaften Erinnerungen." (ABmB, S. 25f.)

Uwe Timms **Beziehung zu seinem Vater** war schwierig. In der Novelle *Die Entdeckung der Currywurst*, die er dem Vater Hans Timm gewidmet hat, kommt dieser in zweierlei Gestalt vor: zum einen als der Vater des Erzählers, der sich nach Kriegsende als Kürschner selbstständig gemacht hat und als eine seiner ersten Arbeiten den Fehmantel für Lena Brücker anfertigt, den sie an den Intendanturrat weitertauscht: „So kam mein Vater in die Geschichte [...]" (S. 173). Die Erinnerung an den Vater zur Zeit seiner Anfänge als selbstständiger Kürschner, die der Erzähler in die Novelle einschaltet (S. 173–175), gleicht bis in Einzelheiten den Lebensumständen der Familie Timm in denselben Jahren, die Uwe Timm in seinem autobiografischen Buch *Am Beispiel meines Bruders* mitteilt (vgl. dort S. 74). Innerhalb der Novelle *Die Entdeckung der Currywurst* stellt dieser relativ unverhüllte Hinweis auf Uwe Timms Vater das positive Porträt dar.

Die Novelle enthält aber, verdeckt und ungleich breiter ausgeführt, auch ein negatives Porträt. Vergleicht man sie mit dem autobiografischen Buch, so drängt sich der Eindruck auf, dass Uwe Timms Vater auch das Vorbild für Lena Brückers treulosen Ehemann gewesen ist, Willi „Gary" Brücker, der schließlich von seiner Frau aus der Wohnung und dem Leben der Familie hinausgeworfen wird.

Seinen Vater charakterisiert Uwe Timm als „Habenichts mit guten Manieren", der als „Hochstapler [...] gut einen Preußenprinzen" hätte spielen können. Er ist ihm in lässig eleganter Haltung in Erinnerung, „wie man es heute nur noch von alten Filmplakaten kennt" (ABmB, S. 45). Lena Brückers Mann in der Novelle, der „Lord vom Trampgang" (S. 99), dessen Ähnlichkeit mit dem Filmstar Gary Cooper allen Leuten auffällt (vgl. S. 25), gleicht dem Vater Uwe Timms in dieser Hinsicht. Er ist ihm darüber hinaus aber auch wesensmäßig verwandt. Beide besitzen das gleiche Talent, sich in der Öffentlichkeit in maßgeschneiderten Anzügen in Szene zu setzen. Über seinen Vater schreibt Uwe Timm: „Frauen begrüßte er mit Handkuß. Ein *guter Unterhalter* bei Tisch." (ABmB, S. 80) „Groß, schlank, blond, im Sommer braungebrannt mit *blitzblauen Augen, der charmante Plauderer* mit den guten Umgangsformen, das war sein Kapital." (ABmB, S. 87) „Er stand auf, setzte sich ans Klavier, begann zu spielen, improvisierte, das Reden, das Lachen wurde leiser, die Staunenden standen [...] und lauschten." (ABmB, S. 81) Ganz ähnlich wird Willi „Gary" Brücker beschrieben, auch wenn dieser lediglich auf dem Kamm bläst – die Wirkung ist dieselbe (siehe *Interpretationshilfe*, S. 54 ff.). Uwe Timms Vater, wie der Sohn ihn sah, gleicht Lena Brückers Mann auch darin, dass er im Kreis der Familie oft ein anderer Mensch zu sein scheint: erfüllt von geschäftlichen Sorgen und von Angst vor gesellschaftlichem Abstieg, unnachgiebig gegen den Sohn, den „Nachkömmling", und zuletzt mehr und mehr dem Alkohol ergeben. Ein auffälliger

Unterschied zwischen dem Vater und der literarischen Figur besteht jedoch darin, dass Willi Brücker seine Frau betrügt und sie ihn zuletzt nicht mehr ertragen kann, während Uwe Timms Mutter stets loyal zu ihrem Mann gehalten hat und ihn offenbar, auch wenn sie seine Fehler nicht übersah, anhaltend geliebt hat. Der Sohn scheint das nicht verstanden zu haben. Auch das kommt in der Novelle zum Ausdruck: Dort lernt Lena Brücker, ohne ihren Mann auszukommen.

1946 kam Uwe Timm mit der Mutter von Coburg nach Hamburg zurück, nachdem der Vater aus der englischen Kriegsgefangenschaft entlassen worden war (vgl. dazu S. 152 der Novelle). Sie zogen in einen Keller, in dem der Vater ein **Kürschnergeschäft** eröffnete, nachdem er in den Trümmern eine Pelznähmaschine gefunden hatte (ABmB, S. 72). Vor dem Kellerfenster lag die „hügelige Schuttlandschaft" der Trümmer, in der die Kinder spielten (ABmB, S. 73). „Nach zwei Jahren", so Uwe Timm, „konnten wir aus dem Keller aus- und in eine Wohnung ziehen, wohnten […] in einem Zimmer, das heizbar war und trocken. Und nach weiteren drei Jahren zogen wir in eine Wohnung, die über einem Laden mit Werkstatt lag", wo der Vater sein Geschäft einrichtete. Er beschäftigte „zwei Kürschner und sechs Näherinnen" (ABmB, S. 74). Die folgenden drei Jahre, 1951 bis 1954, waren die große Zeit des Vaters, die Jahre seines geschäftlichen Erfolgs (ABmB, S. 24 f.). 1952 wurde ein Chauffeur für die Auslieferung der Waren eingestellt (ABmB, S. 78), der aber drei Jahre später, als der geschäftliche Niedergang sich abzeichnete, wieder entlassen werden musste. Uwe Timm sollte gegen seine eigene Neigung das auch vom Vater letztlich ungeliebte **Geschäft übernehmen.** 1956 war er im zweiten Lehrjahr und bereits in der Lage, mit kritischem Blick die handwerkliche Unzulänglichkeit des Vaters, der sich das Kürschnerhandwerk selbst beigebracht hatte, zu erkennen (ABmB, S. 108). Auch die persönlichen Spannungen zwischen Vater und Sohn wuchsen. „Als ich sechzehn war, begann ein hartnäckiger, immer gehässiger werdender Kampf zwischen uns." (ABmB, S. 24) 1958 starb der Vater im Alter von 58 Jahren.

Uwe Timm übernahm das verschuldete Geschäft und arbeitete mit Mutter und Schwester daran, die Schulden abzubauen (ABmB, S. 156 f.). Bald aber folgte er seiner Neigung, seinem früh ausgeprägten Interesse an Büchern, ging auf das Braunschweig-Kolleg, ein Erwachsenengymnasium, und machte dort 1963 das **Abitur**. Die Mutter führte zusammen mit der Schwester das Geschäft weiter. Nach der Erlangung der Hochschulreife studierte Uwe Timm in Paris und München Philosophie und Germanistik. Während der **Studentenbewegung** engagierte er sich 1967/68 im „Sozialistischen Deutschen Studentenbund" (SDS). Die Studentenbewegung hat ihn tief geprägt. „Das Wunderbare […] an der Studentenbewegung", so Uwe Timm 1993, „war gerade, dass sich auch die Emotionen öffneten und sich über Emotionen reden ließ, die ja auch ihre Sprache fanden, und dass man – ich rede jetzt nicht von den späteren Entwicklungen, wo das alles doktrinär und in Ideologien eingekleidet wurde – versuchte, andere Lebensformen zu entwickeln." (*Die Archäologie der Wünsche,* S. 317)

Sein Studium schloss Uwe Timm 1971 mit einer **Dissertation** über *Das Problem der Absurdität* im Werk des französischen Schriftstellers Albert Camus ab. Im selben Jahr begann er als freier Schriftsteller zu arbeiten. Seinem durch die Studentenbewegung geweckten **gesellschaftstheoretischen Interesse** versuchte er zwischen 1970 und 1972 durch ein Zweitstudium in Soziologie und Volkswirtschaft ein wissenschaftliches Fundament zu geben. Er wurde 1971/72 Mitbegründer der „Wortgruppe München" und Mitherausgeber der „Literarischen Hefte" sowie der „AutorenEdition", die sich zum Ziel setzte, literarische Werke zu veröffentlichen, in denen die „gesellschaftlichen Probleme […] anschaulich und unterhaltsam dargestellt werden" (aus dem programmatischen Vorwort, zitiert nach dem Artikel über „Uwe Timm" im *Kritischen Lexikon zur deutschsprachigen Gegenwartsliteratur,* KLG, S. 2).

Nachdem Uwe Timm 1971 zunächst mit dem Gedichtband *Widersprüche* an die Öffentlichkeit getreten war, legte er 1974 seinen **ersten Roman** *Heißer Sommer* vor. Der Roman handelt von der Studentenrevolution und schildert die persönliche und politische Entwicklung eines Germanistikstudenten, der sich mehr und mehr vom wirkungslosen Theoretisieren der Studenten abgestoßen fühlt und sich bemüht, seine politischen Überzeugungen durch Kontakte mit Fabrikarbeitern und seine Arbeit mit Schülern weiterzuvermitteln.

Uwe Timms zweiter Roman *Morenga* (1978) handelt von einem bis dahin wenig aufgearbeiteten Kapitel der deutschen Geschichte – vom Kolonialkrieg, den die Deutschen in den Jahren 1904 bis 1907 im damaligen Deutsch-Südwestafrika gegen die aufständischen Ureinwohner des Landes führten. Der Krieg endete in einem regelrechten Völkermord.

Kerbels Flucht (1980), der dritte Roman, greift die Thematik des ersten Romans wieder auf. Er schildert die innere Orientierungslosigkeit eines durch die Studentenbewegung geprägten Germanistikstudenten in München, der von seiner Freundin verlassen, dadurch völlig aus der Bahn geworfen wird und schließlich umkommt.

1984 folgte der vierte Erzähltext, *Der Mann auf dem Hochrad,* von dem bereits die Rede war.

Der Roman *Der Schlangenbaum* von 1986 erzählt vom Scheitern des deutschen Ingenieurs Wagner, der den Auftrag übernimmt, in einer südamerikanischen Militärdiktatur eine Papierfabrik zu errichten. Hanjo Kesting hat darauf aufmerksam gemacht, dass hier „die Themen und Techniken" der früheren Bücher Uwe Timms gebündelt sind: „die Dritte-Welt-Thematik wie in *Morenga,* die Fortschrittsskepsis wie in *Der Mann auf dem Hochrad,* das Psychogramm eines labilen Helden wie in *Kerbels Flucht,* das Muster des Entwicklungsromans wie in *Heißer Sommer;* und da ist schließlich der alte Anspruch eines gleichermaßen unterhaltenden wie kritisch-aufklärerischen Erzählens." (Artikel „Uwe Timm" im KLG, S. 11)

1981 hatte Uwe Timm einige Zeit als „writer in residence" an der englischen Universität Warwick verbracht und im Anschluss bis 1983 mit seiner Familie in Rom gelebt, um für eine Weile dem gewohnten Leben in München zu entkommen und sich neuen Erfahrungen zu öffnen. Diesen Aufenthalt in Italien reflektierte er in dem 1989 veröffentlichten autobiografischen Buch *Vogel, friß die Feige nicht.*

1991 erschien Uwe Timms umfangreicher Roman *Kopfjäger,* dessen Ich-Erzähler ein von der Polizei wegen Betrugs in Millionenhöhe gesuchter Finanzberater ist. Dieser hat sich mit seiner Familie nach Spanien abgesetzt und erzählt nun sein Leben. Dass es ihm gelungen ist, seine ehemaligen Kunden für seine dubiosen Geschäfte zu gewinnen, führt er auf sein Erzähltalent zurück, von dem er sagt, es gehe auf die Geschichten zurück, die er in der Küche seiner Großmutter gehört habe. Dabei handelt es sich um dieselbe Küche, in der auch der Erzähler der *Entdeckung der Currywurst* fürs Leben geprägt worden ist, denn in beiden Büchern sind dort Frau Claussen, die Frau des Baggerführers Claussen (vgl. S. 26, 158 f.), und Frau Brücker anzutreffen.

Anfang der neunziger Jahre starb **Uwe Timms Mutter**, die ihren Mann um 33 Jahre überlebt hatte, im Alter von 89 Jahren. Die Charakterisierung der Mutter im autobiografischen Bericht *Am Beispiel meines Bruders* vermittelt den Eindruck, dass die Figur Lena Brücker in der *Entdeckung der Currywurst* in vielen Zügen als Hommage an die eigene Mutter angelegt ist. Die folgende Tabelle veranschaulicht die Übereinstimmungen:

Uwe Timm über seine Mutter in „Am Beispiel meines Bruders"	Der Erzähler über Lena Brücker in „Die Entdeckung der Currrywurst"
Die Mutter stirbt mit 89 Jahren.	Frau Brücker stirbt mit 87 Jahren.
„Mit 82 Jahren hat sie das Geschäft aufgegeben. Bis dahin hat sie gearbeitet, war jeden Werktag im Geschäft, machte die Buchführung, verkaufte, machte Anproben, fütterte Mäntel. Gelernt hatte sie es nicht. Sie war in die Arbeit hineingewachsen." (ABmB, S. 49)	„Dreißig Jahre keinen Urlaub, keinen Tag gefehlt." (S. 160)
„Politik interessierte sie nur soweit, als sie und ihre Familie in Ruhe gelassen werden sollten. Nie wieder dürfte es Krieg geben. Sie ging wählen, aber immer mit der Bemerkung, die machen doch, was sie wollen." (ABmB, S. 48)	„Ich hatte nie was mit dem Krieg am Hut, auch nicht mit dem Militär [...]." (S. 128) „Hätte jedem geholfen, der nicht mehr mitmachen wollte. [...] Is ja das Kleine, was die Großen stolpern läßt." (S. 102)
Über die auf dem Totenbett liegende Mutter: „Sie lag da, und das war das Überraschende, sie war noch kleiner, noch zarter, diese Frau mit dem großen Willen, der großen Zähigkeit, die so gar nicht herrschen wollte." (ABmB, S. 120)	Lena Brücker, als der Erzähler sie zum letzten Mal besucht: „Zerbrechlich sah sie aus, aber von einer großen Zähigkeit, ja Kraft." (S. 185)
Uwe Timms Mutter starb in Hamburg. Als Uwe Timm mit dem Flugzeug aus München eintraf, war sie bereits tot.	Diese Situation scheint in abgewandelter Form in den letzten Absätzen der Novelle aufgenommen zu sein.
Über die bereits schwer kranke Mutter im Krankenhaus: „Was ihr blieb, auch in ihrer Verletztheit, war eine verständnisvolle Distanz zu dem, was sie umgab – ihr Humor." (ABmB, S. 118)	Auch diese Notiz lässt sich leicht auf Lena Brückers Haltung im Altersheim beziehen (vgl. etwa S. 51).
Das Erzähltalent der Mutter: „Sie erzählte mit einem guten Sinn für Komik." (ABmB, S. 112). Auffällig ist dabei ihre „Stimme, die, je älter sie wurde, desto mehr in den Hamburger Tonfall verfiel." (ABmB, S. 113)	„So hat sie es mir erzählt, [...] mit diesem dialektalen Anklang, der sich erst später, im Alter verstärken sollte, was ich übrigens auch bei meiner Mutter beobachten konnte, die, je älter sie wurde, desto stärker hamburgerte." (S. 102)

Die letzte Bemerkung bezieht sich natürlich nicht auf die Mutter Uwe Timms, sondern auf die Mutter des Erzählers der Novelle, die dort auch am Rande auftritt (vgl. S. 10 f.). Die Ähnlichkeit ist jedoch auch hier auffällig, und so lässt sich festhalten, dass nicht nur der Vater Uwe Timms, sondern offenbar auch seine Mutter in der Novelle gleich zwei Mal vorkommt: zum einen in der Figur der Mutter des Erzählers, zum anderen in der Figur Lena Brückers, deren unsympathischer Mann Willi Brücker, wie oben verdeutlicht, ein verdecktes Porträt von Uwe Timms Vater ist.

Nur in einem wichtigen Punkt unterscheidet sich die literarische Figur Lena Brücker von Uwe Timms Mutter. Während in der Novelle der Mut, die Zivilcourage von Lena Brücker hervorgehoben wird, schreibt Uwe Timm über seine Kindheit: „Der Junge kann sich nicht erinnern, von den Eltern je zu einem Nichtgehorsam ermuntert worden zu sein, auch nicht von der Mutter – *raushalten, vorsichtig sein* ja, aber nicht das Neinsagen, die Verweigerung, der Ungehorsam. Die Erziehung zur Tapferkeit – die ja immer als Tapferkeit im Verband gedacht war – führte zu einer zivilen Ängstlichkeit." (ABmB, S. 72) Insofern kann Lena Brücker auch als idealisiertes Porträt der Mutter von Uwe Timm angesehen werden, als Heraufbeschwörung der kurz zuvor verstorbenen Mutter, wie er sie sich gewünscht hätte.

Seit dem Erscheinen der *Entdeckung der Currywurst* (1993) hat Uwe Timm noch eine Reihe weiterer Bücher veröffentlicht. Neben den bereits erwähnten **Poetikvorlesungen** *Erzählen und kein Ende* (1993) sind das der Roman *Johannisnacht* (1996), in dem die Erinnerung an den auch in der *Currywurst*-Novelle erwähnten „Onkel", der „die Herkunft der Kartoffeln schmecken" konnte (S. 58 f.), eine wichtige Rolle spielt; zwei Drehbücher (*Die Bubi Scholz Story*, 1998, woraus ein erfolgreicher zweiteiliger Fernsehfilm wurde, und *Eine Handvoll Gras*, 2000, als Vorlage für einen Kinofilm); ein Band mit Erzählungen (*Nicht mor-

gen, nicht gestern, 1999), in dem – in der Erzählung *Das Abendessen* – auch wieder besagter Onkel vorkommt; ein weiterer Roman mit dem Titel *Rot* (2001), *Am Beispiel meines Bruders* (2003), woraus oben bereits vielfach zitiert worden ist, und zuletzt der Roman *Halbschatten* (2008).

Uwe Timm ist mit der Übersetzerin und Autorin Dagmar Ploetz verheiratet und hat vier Kinder. Für jedes seiner Kinder hat er ein **Kinderbuch** geschrieben. Eines dieser Bücher, *Rennschwein Rudi Rüssel* (1989), war ein großer Erfolg. Uwe Timm wurde dafür 1990 mit dem *Deutschen Jugendliteraturpreis* ausgezeichnet. Darüber hinaus hat er noch eine Reihe weiterer Literaturpreise erhalten, so den *Literaturpreis der Stadt München* (1989), den *Großen Literaturpreis der Bayrischen Akademie der Schönen Künste* (2001) und den *Schubart-Literaturpreis* (2003). Gegenwärtig lebt er in München und Berlin.

Zur **Entstehung der Novelle** *Die Entdeckung der Currywurst* lässt sich sagen, dass die Mitteilung dieser Geschichte bereits im 1991 erschienenen Roman *Kopfjäger* in Aussicht gestellt wird. Dort führt der Erzähler als Randfigur Frau Brücker ein, „die allein zwei Kinder großziehen mußte, weil sie eines Tages ihren Mann vor die Tür gesetzt hatte. Frau Brücker wohnte, wie gesagt, in der obersten Etage, die sie aber nie bei Licht erreichen konnte, was dann einmal dazu beitragen sollte, daß die Currywurst erfunden wurde, denn sie, Frau Brücker, ist die Erfinderin der Currywurst. (Ich weiß, der Onkel ist hinter dieser Geschichte her, aber nach dem Tod von Frau Brücker kenne nur ich, Hagen, sie.)" (Kj, S. 49 f.) Auch die Szene aus der Novelle, in der Lena Brücker ihren Mann vor die Tür setzt, ist im Roman bereits bis in die Einzelheiten beschrieben.

Weitere Auskünfte hat Uwe Timm 1999 im Rahmen einer Autorenlesung im Deutschen Literaturarchiv in Marbach gegeben. Dort versicherte er, dass es sich ganz so verhalte, wie es in der Novelle beschrieben sei: Frau Brücker, die allerdings anders geheißen habe, habe bei seiner Tante in der Küche gesessen und erzählt. Sie habe im Dritten Reich einen Soldaten versteckt, was ihn besonders fasziniert habe. Auch habe sie tatsächlich einen Imbissstand gehabt, an dem er seine erste Currywurst gegessen habe. Currywurst sei das einzige Gericht, das er zubereiten könne. Er habe damit seine Kinder über schlechte Schulnoten hinweggetröstet. Auch verriet Uwe Timm, wie er auf die Idee gekommen sei, die Figur Bremer in der Novelle den Geschmackssinn verlieren zu lassen. Ihn habe während der Arbeit an dem Buch eine Grippe gepackt, die auch die Geschmacksnerven in Mitleidenschaft gezogen habe. Ob alle diese Auskünfte wörtlich zu nehmen sind oder ob sich nicht vielmehr auch hier Uwe Timms Lust bemerkbar macht, Wirklichkeit und Fiktion zu mischen (das Erlebte weiterzudichten), bleibt natürlich sein Geheimnis.

Straße in Hamburg nach den Bombenangriffen im Zweiten Weltkrieg

Inhaltsangabe

Kapitel 1
Im ersten Kapitel (S. 7–39) schildert der Ich-Erzähler – dessen Name ungenannt bleibt –, wie er auf die Idee gekommen ist, sich von Frau Brücker die Geschichte der Erfindung der Currywurst erzählen zu lassen. Diese Geschichte spielt in Hamburg, der Heimatstadt des Erzählers, und beginnt **kurz vor Ende des Zweiten Weltkriegs**, als Lena Brücker einen Soldaten kennenlernt, ihn bei sich aufnimmt und dazu bewegt, zu desertieren.

Der Erzähler, der seit langer Zeit in München lebt, aß, wann immer er in Hamburg war, an Frau Brückers Imbissbude auf dem Großneumarkt eine Currywurst. Im Geschmack dieser Currywurst scheint seine Kindheit stärker gegenwärtig als in den renovierten Häuserzügen des von neuen luxuriösen Geschäften eroberten Viertels, in dem er aufgewachsen ist (vgl. S. 12). Frau Brücker wohnte im selben Haus wie die Tante des Erzählers, in deren Küche der Junge fasziniert den Geschichten der Erwachsenen zuhörte (S. 10). Als Frau Brückers Imbissstube eines Tages verschwunden ist, wächst in dem Erzähler das Bedürfnis, zumindest die **Geschichte, wie Frau Brücker die Currywurst erfunden hat**, aufzuschreiben. Auf diese Weise kann er der Welt seiner Kindheit ein weiteres Geheimnis entlocken und dieses für die Nachwelt aufbewahren. Seine Begierde, die wahre Geschichte der Erfindung der Currywurst zu erfahren, wird noch gesteigert durch andere kursierende Versionen über deren Entstehungsort und Entstehungszeitpunkt. Der Erzähler bringt bei solchen Gelegenheiten immer Hamburg und Frau Brücker ins Spiel, doch niemand mag ihm Glauben schenken (S. 9 f.).

Der Erzähler beginnt nachzuforschen, aber weder seine Mutter noch andere Hamburger Verwandte und Bekannte, wie etwa der Papierwarenhändler Zwerg, wissen Genaueres (S. 10–13). Schließlich ermittelt er mithilfe des Einwohnermeldeamtes, dass Frau Brücker noch lebt. Er besucht sie in ihrem Zimmer eines städtischen Altersheims in Harburg (S. 13). Zunächst streitet sie die Erfindung der Currywurst ab (S. 14). Als sie jedoch, trotz ihrer blinden Augen, die Enttäuschung ihres Besuchers wahrnimmt, besinnt sie sich und erklärt, die Currywurst doch erfunden zu haben. „Und wie?", möchte der Erzähler natürlich wissen. Das sei eine „lange Geschichte", entgegnet sie. Da müsse er schon etwas Zeit mitbringen (S. 15).

Sieben Nachmittage verbringt der Erzähler daraufhin bei Frau Brücker, bringt ihr Torte, sieht ihr beim Stricken zu und lauscht ihrer verschlungenen Erzählung, die er in „begradig[ter]" Form anschließend aufschreibt (S. 15 f.).

Frau Brückers Geschichte beginnt am 29. April 1945, als die Engländer die Elbe überqueren und kurz vor Hamburg stehen, das trotz der voraussehbaren Niederlage bis zum letzten Mann verteidigt werden soll (S. 16 f.). Dieser unsinnige Befehl droht dem eigentlich in Oslo stationierten, 24 Jahre alten **Bootsmann Hermann Bremer** zum Verhängnis zu werden. Gerade ist er auf Heimaturlaub in Braunschweig gewesen, hat seine Frau besucht und erstmals seinen einjährigen Sohn gesehen. Auf der Rückreise wird er in Kiel zu einer „Panzerjagd"-Einheit abkommandiert, flüchtig an der Panzerfaust ausgebildet und dann nach Hamburg geschickt, um im Endkampf Großes zu leisten (S. 17).

Am Abend, der ihm in Hamburg bleibt, bevor er sich am nächsten Morgen in aller Frühe bei seiner neuen Einheit einzufinden hat, geht er ins Kino. Vor der Kasse streift er die Frau hinter sich in der Schlange mit der Feldplane seines unförmigen Marschgepäcks. Die Frau ist Lena Brücker. Sie kommen ins Gespräch, und er beginnt von sich zu erzählen (S. 19 f.). Im Kino sitzen sie nebeneinander. Noch während der Vorschau gibt es Fliegeralarm. Lena Brücker führt Bremer in einen Luftschutzraum (S. 21). Nach einer Stunde wird Entwarnung gegeben (S. 23) und die beiden wandern im Regen, geschützt von Bremers Plane und eng aneinandergeschmiegt, in die Brüderstraße, wo Lena Brücker wohnt (S. 24).

Lena Brücker und Hermann Bremer lernen sich vor einem Kino kennen (Szene aus der Verfilmung von Ulla Wagner, 2008).

An dieser Stelle der Geschichte unterbricht Frau Brücker ihre Erzählung, damit ihr Besucher in ihrem alten Fotoalbum blättern kann. Ein Foto von Bremer gibt es nicht; dafür aber eines ihres Mannes, eines Frauenhelden, der alle Menschen gleich an Gary Cooper erinnerte – auch der Erzähler hat sofort die gleiche Assoziation (S. 25).

Den Faden der Erzählung wieder aufnehmend, berichtet Frau Brücker, wie sie für Bremer die Küche eingeheizt und ihn mit lang aufgesparten Vorräten und Spirituosen bewirtet hat, während Bremer weiter von sich erzählte. Von seinen Kriegserlebnissen will sie nichts hören (S. 29). Umso mehr interessiert sie sich für sein ungewöhnliches **Reiterabzeichen**, das ihm mehrfach Glück gebracht hat (S. 27–31, siehe auch: *Interpretationshilfe*, S. 84 ff.).

Lena Brücker erkundigt sich, ob er seine Frau besucht habe, was er verneint (S. 31). Auf seine Gegenfrage nach ihrem Mann antwortet sie, dass sie diesen seit sechs Jahren nicht mehr gesehen habe und nicht wisse, wo er sei, dass er sich aber auch in diesem Krieg durchmogeln werde (S. 31 f.). Bremer erfährt auch, dass sie zwei Kinder hat: einen sechzehnjährigen Sohn, der als Flakhelfer im Ruhrgebiet ist, und in Hannover eine bereits zwanzigjährige Tochter. Sie meint zu spüren, wie er daraufhin ihr Alter taxiert (S. 32).

Während die alte Frau Brücker weiter an ihrem Pullover strickt, erzählt sie von ihrer Berufsausbildung, davon, wie sie ihren Mann kennengelernt und ihre Kinder bekommen hat, wie sie im Krieg dienstverpflichtet worden ist und ihr schließlich die Leitung der Kantine in der Hamburger Lebensmittelbehörde übertragen wurde (S. 33). Dann kehrt die Erzählung zum ersten Abend mit Bremer zurück.

Lena Brücker setzt Bremer eine „Krebssuppe" vor (S. 34). Dazu trinken sie weiter Alkohol. Wieder setzt **Fliegeralarm** ein, aber die beiden bleiben in der Wohnung. Sie macht den ersten Schritt und setzt sich zu ihm aufs Sofa. Dann schlafen sie miteinander in dem Ehebett, in dem Lena Brücker zuvor fünf Jahre lang allein gelegen hat. Sie bietet ihm an, zu bleiben, nicht nur diese Nacht, sondern „ganz" (S. 36). Die Wohnung scheint geeignet, um jemanden zu verstecken. Bremer ist unschlüssig. Als um vier Uhr der Wecker klingelt, zieht er sich an (S. 37). Doch auf Lena Brückers Aufforderung hin kehrt er zu ihr ins Bett zurück und **wird fahnenflüchtig** (S. 39).

Kapitel 2

Das zweite Kapitel (S. 40–70) berichtet vom ersten Tag, den Bremer sich bei Lena Brücker versteckt hält.

Zeitlich schließt das Kapitel unmittelbar an das erste an. Der Erzähler spürt **Bremers Gefühlslage** nach. Seine Angst, sich in die Hände der ihm im Grunde unbekannten Frau zu geben, ist kaum weniger groß, als seine Angst, sich den übermächtigen Panzern entgegenzustellen (S. 41). Ihn quält die Erinnerung an die Erschießung eines jungen Soldaten, wohl eines Deserteurs, die er wenige Tage zuvor in Plön zufällig miterlebt hat (S. 42).

Als er gegen Mittag erwacht, ist Lena Brücker bereits bei der Arbeit. Vom Küchenfenster aus beobachtet er die Straße. Ein Hauptmann, der ein Einkaufsnetz mit Kartoffeln trägt und einem Landwehrmann seinen nachlässigen Gruß durchgehen lässt, wird ihm zum Sinnbild dafür, dass der Krieg verloren ist (S. 44). Bremer sieht sich in der Wohnung um, liest in alten Illustrierten und beginnt, ein Kreuzworträtsel zu lösen. Wieder und wieder steht er am Fenster. Ein Kübelwagen mit drei SS-Soldaten taucht in der Straße auf und hält an. Eine Frau deutet auf das Haus. Bremer gerät in Panik (S. 46). Doch im Treppenhaus bleibt es ruhig und Bremer beruhigt sich wieder (S. 47).

Lena Brückers Tag verläuft folgendermaßen: Morgens wird sie von einem Wehrmachtslaster mitgenommen. Die beiden Soldaten haben schon eine Frau aufgelesen, die sich an der Hose des einen zu schaffen macht. Die Sitten haben sich kurz vor dem Ende eines langen, demoralisierenden Kriegs gelockert. Aber als Lena Brücker die Annährungsversuche des anderen Fahrers zurückweist, geht auch das in Ordnung (S. 47 f.).

Ihrem Besucher erläutert die alte Frau Brücker, dass sie nicht prüde gewesen sei, jedoch wählerisch. Zu seinem besseren Verständnis flicht sie die Erzählung einer sexuellen Episode ein, der einzigen zwischen der Einberufung ihres Mannes und der Begegnung mit Bremer. An einer Beziehung mit jenem Mann sei sie aber nicht interessiert gewesen (S. 48–50). Mit Bremer, versichert sie dem Erzähler, sei es etwas ganz anderes gewesen, der habe ihr auf den ersten Blick gefallen (S. 50).

Hugo, der freundliche Zivildienstleistende im Altersheim, kommt herein, bringt das Essen und bewundert das Pullovervorderteil, an dem Frau Brücker strickt. Der Erzähler nutzt die Gelegenheit, das Gespräch auf die Currywurst zurückzulenken und erkundigt sich, ob Frau Brücker Curry in der Kantine gehabt habe. Doch Frau Brücker weist seine Ungeduld zurück. So einfach sei das nicht gewesen (S. 51).

Die Erzählung kehrt zum ersten Tag nach Bremers Fahnenflucht zurück. In der Kantine erfährt Frau Brücker von **Holzinger**, dem Koch, dass der Gauredner mittags zu Besuch kommen werde. Hier schiebt Frau Brücker die Schelmengeschichte von Holzingers **subversiven Kochmanövern** während des Krieges ein (S. 52 f.). Auch an diesem Tag kurz vor Kriegsende in Hamburg verhindert er die Durchhaltered, die der Gauredner Grün am Nachmittag vor den Arbeitern einer Batteriefabrik halten wollte (S. 56 f.). Zuvor allerdings müssen die Angestellten der Lebensmittelbehörde selbst einen Vortrag des Gauredners und einen Kommentar ihres nationalsozialistischen Betriebsführers Dr. Fröhlich über sich ergehen lassen (S. 55 f.).

Saskia Fischer als Lena und Wolfgang Beigel als Holzinger in der Dramenfassung des Ernst Deutsch Theaters

Als Lena Brücker an diesem ersten Tag nach Hause kommt, schlafen sie und Bremer miteinander (S. 57). Dann setzt sie Kartoffeln auf, während er die nur noch aus einer Seite bestehende Zeitung liest, um sich über den Stand des Krieges zu informieren (S. 57 f.). Er raucht Zigaretten, die sie ihm beim Papierwarenhändler Zwerg (vgl. S. 12 f.) besorgt hat. Eine unbedachte Bemerkung Lena Brückers macht Bremer und erstmals auch ihr selbst deutlich, dass sie darauf hofft, er werde auf unbestimmte Zeit bei ihr bleiben (S. 59 f.).

Da klingelt es. In aller Eile verschwindet Bremer in der Kammer und Lena Brücker beseitigt die Spuren seiner Anwesenheit. Dann öffnet sie dem **Block- und Luftschutzwart Lammers**, der die Wohnung misstrauisch inspiziert. Er hat vermutlich **Verdacht geschöpft**, weil Lena Brücker am Vorabend während des Alarms nicht im Keller erschienen ist (S. 70). Auch hat er erfahren, dass sie Zigaretten gekauft hat (S. 62). Zudem hätten sich die Leute im Haus über nächtliche Schreie beschwert. Er argwöhnt, ihr Sohn sei desertiert, und kündigt an, dafür zu sorgen, dass sie Einquartierung bekommen werde (S. 64). Auf dem Küchentisch liegt noch das fremdartige Beutefeuerzeug Bremers (S. 62), auf das Lammers Lena Brücker anspricht. Aber er kann ihr nichts beweisen und schließlich drängt sie ihn wieder hinaus (S. 65).

Das Kapitel schließt mit Frau Brückers Bericht über Lammers, der lange das Gespött der Leute gewesen sei – bis 1936 der Schiffsbauer und ehemalige Kommunist Wehr verhaftet wird, als ein gebrochener Mann zurückkehrt und schließlich Selbstmord begeht (S. 66 ff.). Die Leute halten Lammers für den Denunzianten und schneiden ihn, obwohl er alles abstreitet. Schließlich findet er sich damit ab, verhasst zu sein, beginnt den Leuten unangenehme Fragen nach deren Regimetreue zu stellen, zwingt sie zu ängstlich heuchelnden Antworten, macht als Blockwart Karriere und verschafft sich auf diese Weise Respekt (S. 68 f.). Lediglich Lena Brücker zeigt sich in ihrer Dickköpfigkeit unbeeindruckt (S. 69).

Nach dem Besuch von Lammers, der einen Schlüssel zur Wohnung hat, besprechen Lena Brücker und Bremer **Vorsichtsmaßnahmen**. Er soll sich so wenig wie möglich in der Wohnung bewegen. Nachts liegt Bremer schlaflos neben der Frau, die ihn versteckt (S. 70).

Kapitel 3
Das dritte Kapitel (S. 71–85) schildert den **zweiten Tag von Bremers Aufenthalt in Lena Brückers Wohnung**.

Während Lena Brücker wieder bei der Arbeit ist, verbringt Bremer einen weiteren beschäftigungslosen Tag. Er schaut aus dem Fenster, fängt ein neues Kreuzworträtsel an und versucht mittags vergeblich, das kaputte Radio zu reparieren, um über die Entwicklungen draußen informiert zu bleiben (S. 72 f.). Er sieht sich nach einem Atlas um, in dem er den Frontverlauf verfolgen will. Dabei stößt er auf persönliche Dokumente, Fotos und Briefe. Beim Betrachten der Familienbilder denkt er an seinen kleinen Sohn, auf den er während seines Heimaturlaubs eifersüchtig gewesen ist (S. 74). Beim Stöbern fällt Bremer ein verschnürtes Bündel Briefe in die Hände. Sie stammen von einem Klaus Meyer, mit dem Lena Brücker offenbar ein Verhältnis gehabt hat (S. 75 f.). Er liest den obersten. Im Schlafzimmer probiert Bremer die feinen Anzüge und Oberhemden von Lena Brückers verschollenem Mann an (S. 76 f.). Da klopft es. Atemlos rafft Bremer seine Sachen zusammen und schließt sich in der Kammer ein. **Lammers erscheint** in der Wohnung. Er rüttelt an der Türklinke der Kammer, lässt dann aber wieder davon ab und geht ins Bad. Bremer glaubt, sein Rasierzeug im Bad liegen gelassen zu haben. Nachdem Lammers die Wohnung verlassen hat, ist auch das Rasierzeug verschwunden. Bremer hält sich für verloren (S. 77 f.).

Auf ihrem Heimweg wird Lena Brücker im Treppenhaus von **Frau Eckleben** abgefangen, die unter ihr wohnt. Sie hat Schritte in der Wohnung vernommen. Lena Brücker erfindet eine wenig überzeugende Erklärung (S. 78 f.). Immerhin kann sie kurz darauf Bremer im Hinblick auf das Rasierzeug beruhigen: Sie hat es bereits am Vortag, vor dem ersten Besuch von Lammers, in den Wäschebeutel gesteckt.

Zum Essen bringt Lena Brücker an diesem 1. Mai Reis, woraufhin Bremer sie fragt, ob sie auch Curry im Haus habe (S. 80). Begierig hakt der Erzähler nach, der hier wieder für einen Moment in die Erzählgegenwart des Harburger Altersheims wechselt (S. 80–82). Frau Brücker macht eine Andeutung, wie die Currywurst entstanden ist, setzt dann jedoch unbeirrt ihre Geschichte fort. Bremer ist mit achtzehn Jahren, kurz vor dem Krieg, als „Maschinenassi" mit einem Dampfer nach Indien gefahren und dort krank geworden. Der Genuss von Hühnerfleisch mit Curry machte ihn damals nicht nur wieder gesund, sondern geradezu glücklich. Er bezeichnet Curry als eine „Art Götterspeise" (S. 83).

Als Bremer sich in die Toilette zurückzieht, um dort eine Zigarre zu rauchen, entdeckt Lena Brücker seine zu Boden gefallene Brieftasche, aus der fächerförmig Papiere und Fotos herausgerutscht sind. Auf diese Weise erfährt sie, dass Bremer verheiratet ist und ein Kind hat (S. 83 f.). Als Bremer sie wenig später ins Schlafzimmer führt, wehrt sie seine Annäherungen zunächst ab und fragt ihn direkt, ob er eine Frau habe. Er verneint die Frage. Lena weiß nun, **dass er ihr gegenüber nicht offen ist**. Dennoch schläft sie mit ihm. Um weniger Lärm zu machen, wechseln sie vom Ehebett in die Küche, wo sie sich ein **Matratzenlager** einrichten; ein Floß, wie Bremer mit Kennerblick feststellt; ein Floß, auf dem sie sich bis Kriegsende treiben lassen wollen, wie Lena Brücker anfügt (S. 85).

Kapitel 4

Im vierten Kapitel (S. 86–108) geht in Hamburg der **Krieg zu Ende** und Lena Brücker entschließt sich, ihrem Schützling diese **Nachricht zu verheimlichen**, um ihn noch ein paar Tage länger bei sich zu haben.

Im Radio wird am 1. Mai der Tod Adolf Hitlers verkündet, am 2. Mai folgt die überraschende, weil alle vorangegangenen Ankündigungen auf den Kopf stellende Erklärung, dass Hamburg den Engländern kampflos übergeben werde (S. 86 f.). Sarkastisch kommentiert der Erzähler diese Kehrtwende der lokalen Machthaber, deren Verlauf er offenbar nachrecherchiert hat.

Die Nachricht von der Kapitulation nimmt Lena Brücker zunächst mit Befriedigung darüber auf, dass zuletzt doch Vernunft eingekehrt ist (S. 87). Die Lebensmittelbehörde hat mit einem Schlag aufgehört zu existieren. Lena Brücker geht nach Hause (S. 88). Erst auf dem Heimweg fällt ihr ein, welche Konsequenzen das Ende des Kriegs für ihre Beziehung zu Bremer haben wird. Aus Angst, nach Bremers Weggang endgültig alt zu werden, auch aus vorweggenommener Wut

Lena Brücker (Saskia Fischer) kommt Bremer (Torben Krämer) näher.

darüber, in seinem Leben nur als eine kurze Episode zu überdauern, an die er sich mit Unbehagen erinnert, und nicht zuletzt, weil er ein guter Liebhaber gewesen sei, wie die 86-jährige Frau ihrem Besucher versichert, verschweigt sie Bremer die Nachricht (S. 88 ff.). Sie fühlt sich dazu berechtigt, weil auch er sie belogen hat (S. 91).

Am nächsten Morgen, dem 3. Mai, begegnet Lena Brücker im Treppenhaus dem innerlich **gebrochenen Lammers** und nimmt ihm den Schlüssel zu ihrer Wohnung ab (S. 92). Bremer, dem sie mitgeteilt hat, dass Hitler Großadmiral Dönitz zu seinem Nachfolger ernannt hat, glaubt, dass die Deutschen nun mit den Amerikanern und Engländern zusammen gegen die Russen ziehen werden (S. 92 f.). Seine Begeisterung befremdet Lena Brücker. Als sie ihn generalstabsmäßig über den Atlas gebeugt sieht, wird ihr klar, dass er auch in ihren persönlichen Sachen, neben denen der Atlas gelegen hat, gestöbert haben muss (S. 93 f.). Die Zärtlichkeit, die sie für ihn empfindet, setzt sich jedoch erneut durch. Seine offensichtliche Niedergeschlagenheit darüber, an der **angenommenen Wende des Kriegsglücks** selbst nicht teilhaben zu können und sich im Gegenteil womöglich noch auf unbestimmte Zeit bei Lena Brücker verstecken zu müssen, versucht sie durch Liebkosungen zu verscheuchen. Wieder landen sie auf ihrer Matratzeninsel (S. 94–96).

Am nächsten Tag, dem 4. Mai, bittet Bremer Lena Brücker, eine Radioröhre aufzutreiben. Sie antwortet, da sei nichts zu machen (S. 97). Um ihn abzulenken, erzählt sie ihm später, auf dem Matratzenfloß, von ihrem Mann. Dieser war zunächst Barkassenführer und setzte in seinem kleinen Schiff Hafenarbeiter über die Elbe (S. 98). Im sechsten Jahr ihrer Ehe beginnt er zu schmuggeln, was sie erst begreift, als er sie eines Nachts als Helferin mitnimmt, weil sein Schiffsgenosse verhindert ist (S. 98–101). Wenig später wird er verhaftet und zu drei Jahren Gefängnis verurteilt, von denen er eines absitzt. Danach arbeitet er als Fernfahrer. Er ist noch seltener zu Hause und seine Frauengeschichten nehmen zu (S. 101 f.).

Ihrem Besucher sagt die alte Frau Brücker, wie schön es gewesen sei, neben Bremer zu liegen. Aber sie hätte ihm auch geholfen, wenn er ihr weniger gefallen hätte. Denn viele Kleine müssten Zivilcourage zeigen, damit die Großen stolpern (S. 102).

Einen zu verstecken, der auf diese Weise nicht mehr totgeschossen werden und andere nicht mehr totschießen konnte, bezeichnet Frau Brücker als das vielleicht Beste, was sie in ihrem Leben gemacht habe (S. 103).

Lena Brücker und Bremer liegen auf der Matratzeninsel, als unten ein Lautsprecherwagen vorbeifährt. Lena Brücker versucht durch Reden die englische Durchsage zu übertönen, was Bremer wütend macht. Später schläft sie und er liegt wach (S. 104 f.).

Am Morgen des 5. Mai stellt Bremer vom Fenster aus fest, dass die **Sperrstunde aufgehoben** ist. Ungeduldig drängt er Lena Brücker, sich in der Stadt umzuhören (S. 105). An der Michaelisbrücke sieht sie die ersten Engländer. Vor ihrem Haus in der Brüderstraße hat sich inzwischen ein Menschenauflauf gebildet. Nach einer Schrecksekunde erfährt Lena Brücker, dass Lammers sich vor dem Luftschutzkeller aufgehängt hat. Dass die Engländer in der Stadt sind, deutet Bremer als Anzeichen, dass es nun gemeinsam gegen die Russen gehe. Lena Brücker widerspricht nicht (S. 107). Da die Behörden wieder arbeiten, muss sie am nächsten Tag wieder in die Kantine (S. 108).

Kapitel 5

Im fünften Kapitel (S. 109–145) **verstrickt sich Lena Brücker immer tiefer** in die zweifelhafte Komödie, die sie mit Bremer aufführt, indem sie ihm die Nachricht vorenthält, dass der Krieg bereits aus ist. Bremer wird immer ungeduldiger und liebloser, bis es schließlich zwischen den beiden zu einem **gewalttätigen Ausbruch** kommt. Darüber hinaus **verliert Bremer allmählich seinen Geschmackssinn**.

Das Kapitel beginnt in der Erzählgegenwart des vierten Nachmittags, den der Erzähler mit Frau Brücker verbringt. Es regnet und stürmt. Dennoch möchte Frau Brücker einen Ausflug machen. Der Erzähler fährt sie zu einigen für sie bedeutungsvollen Orten in der Stadt (S. 110). Danach ist sie erschöpft und möchte an diesem Tag, wie auch am folgenden, nichts mehr erzählen. Während ihres gemeinsamen Ausflugs meint der Erzähler die Kraft gespürt zu haben, die es Frau Brücker gekostet habe, „ihr Leben zu leben und dabei ihre Würde zu wahren" (S. 111).

Den freien Tag vor dem nächsten Besuch bei Frau Brücker nutzt der Erzähler, einen befreundeten Ethnologen (Völkerkundler) über das **Curry** zu befragen. Er erfährt, dass Curry eine relativ frei kombinierbare Mischung aus bis zu zwanzig Gewürzen ist. Die beinahe wundertätige Wirkung, die das Curry auf Bremer ausgeübt hat, stellt der Freund, mit Hinweis auf bestimmte Wirkstoffe, nicht in Abrede (S. 112). In der Hamburger Staatsbibliothek sichtet der Erzähler zudem die Ausgaben der Hamburger Zeitung aus den Tagen kurz vor und nach der Kapitulation im Jahre 1945 und beschreibt, wie schnell sich innerhalb von Tagen dort der Tonfall gewandelt habe, obwohl die Schreiber dieselben gewesen seien wie zuvor (S. 112 f.).

Als Lena Brücker im Mai 1945 ihre Arbeit wieder aufnimmt, haben in der Kantine ein englischer Major und ein Captain – beide deutsche Juden, die aus Hitler-Deutschland hatten fliehen müssen – die Aufsicht übernommen (S. 114, 116). Lena Brücker übersteht die persönliche Überprüfung leicht, während Dr. Fröhlich, der ehemalige Behördenleiter, der sich geschmeidig den neuen Verhältnissen anzupassen und in seiner Position zu halten versucht, nach einem Monat abgelöst und interniert wird; nicht zuletzt deshalb, weil Lena Brücker ihn während einer Rede vor den Mitarbeitern bloßgestellt hat. Als Dr. Fröhlich, zurückgestuft als Personalleiter, nach einem Dreivierteljahr in die Behörde zurückkehrt, entlässt er Lena Brücker sofort (S. 114 f.).

Vorerst jedoch ist Lena Brücker in einer komfortablen Lage, denn der deutsch-englische Captain Friedländer hat ein Auge auf sie geworfen (S. 116, 123, 143). Bremer, der ungeduldig und beschäftigungslos zu Hause sitzt, die Wohnung blitzblank hält und sich dann langweilt (S. 113), profitiert insofern davon, als er durch Lena nun gute englische Zigaretten erhält (S. 116). Über seinen Atlas gebeugt, studiert er den vermeintlichen deutschenglischen Vormarsch, indem er vage Äußerungen Lena Brückers aufgreift und weiterspinnt, weil er sich die militärische Niederlage der Deutschen nicht eingestehen möchte (S. 117). Allerdings treibt ihm zwischendurch der Gedanke, im Falle eines Endsieges vielleicht noch auf Jahre in seinem Versteck festzusitzen, den Schweiß auf die Stirn (S. 118).

Der **Erzähler** berichtet an dieser Stelle von seinem **Besuch bei Frau Eckleben**, mit der er Kontakt aufgenommen hat, um sein Bild von der damaligen Situation zu ergänzen (S. 119). Im Archiv hat er recherchiert, dass Frau Eckleben es gewesen ist, die in der Nachbarschaft für die Gestapo gespitzelt, den Kommunisten Wehrs angezeigt und auch über Lena Brückers mangelnde Linientreue berichtet hat (S. 120 f.). Dass sie deren Besuch seinerzeit nicht gemeldet hat, verdanken Lena Brücker und Bremer Frau Ecklebens Vermutung, die Nachbarin könne jemanden von der Partei oder von der SS bei sich versteckt halten. So gibt sich Frau Eckleben, sehr zur Überraschung von Lena Brücker, plötzlich als augenzwinkernde Mitverschwörerin (S. 121).

Um Bremer glaubhaft zu machen, dass sie ihm noch immer keine Zeitung bringen könne, behauptet Lena Brücker, es gebe kein Papier. Erst in vierzehn Tagen werde aus Amerika Papier ankommen. Zwei Wochen, das ist die Frist, die sie sich gesetzt hat. Anschließend will sie ihm die Wahrheit sagen (S. 122).

In einem Verpflegungspaket der amerikanischen Armee, das der Captain Lena Brücker geschenkt hat, finden diese und Bremer unter anderem Kaugummi, der für sie noch neu ist. Bremer stellt beim Kauen fest, dass er nichts mehr schmecken kann (S. 123 f.). Dennoch löst das Kaugummikauen vorübergehend die wachsende Spannung zwischen ihnen. Bremer massiert Lena Brücker mit sachkundigen Händen (S. 124 f.).

Am Montag bis Mittwoch der darauffolgenden Woche bemerkt Bremer, dass auf der Straße vor dem Haus ein kaum verhohlener Schwarzmarkt entstanden ist (S. 125 f.). Am Abend empört er sich Lena Brücker gegenüber darüber, wie draußen Ordnung und Disziplin verfielen. Er glaubt weiterhin an den gemeinsamen Vormarsch der Deutschen, Engländer und Amerikaner gegen die Russen (S. 127 f.). Lena Brücker schwankt wieder, ob sie das Papier der Amerikaner nicht doch früher ankommen lassen soll, um ihm reinen Wein einzuschenken. Doch sie entscheidet sich dagegen und will auch von dem Einwand des Erzählers, ob das nicht unfair gewesen sei, nichts wissen (S. 128).

Das aber ändert sich am 17. Tag nach der Kapitulation. Als Lena Brücker abends müde von der Arbeit kommt und Bremer grußlos gleich nach einer Zeitung fragt, reagiert sie gereizt. Er bittet sie, wenigstens für einen Tag ein Radio auszuleihen, und äußert, als sie das für unmöglich erklärt, den Verdacht, sie wolle gar nicht (S. 129). Sie beginnen zu **streiten**, er brüllt, zerbricht Geschirr und schlägt mit der Faust gegen die Klinke der abgeschlossenen Wohnungstür, woraufhin sie ihn von hinten mit verzweifeltem Griff umklammert, aus dem er sich nicht zu befreien vermag. Sie stürzen zu Boden und sie hält ihn weiter fest, bis er keuchend aufgibt und sich entschuldigt. Seine Hand ist verletzt (S. 130 f.). **Aus dem Spiel ist Ernst geworden.** Die Chance, ihm gütlich beizubringen, dass und warum sie ihn betrogen hat, scheint vertan (S. 131 f.). Als sie später auf den Matratzen liegen, schlafen sie zum ersten Mal nicht miteinander. Sie liegen beide wach und tun dabei so, als ob sie schliefen (S. 132).

Um den für beide deprimierenden und für Bremer auch demütigenden Zwischenfall vergessen zu machen, kocht Lena Brücker am nächsten Tag Kartoffelmus mit Eiern, Bremers Lieblingsgericht (S. 133 f.). Zudem teilt sie ihm mit, dass eine Amnestie für Deserteure in Vorbereitung sei (S. 132). Besonders diese Nachricht hebt seine Stimmung. Hingegen kann er nicht länger vor Lena Brücker verheimlichen, dass er seit ein paar Tagen **nichts mehr schmecken kann**. Unter dem Vorwand, die verletzte Hand schmerze zu sehr, vermeidet es Bremer, mit Lena Brücker zu schlafen (S. 135 f.).

Bremer, weiterhin untätig, sinniert über den Einsatz der deutschen Wunderwaffe und beginnt, den Verlust seines Geschmackssinns als Strafe für seine Feigheit und Fahnenflucht anzusehen (S. 137 f.). Er beobachtet unverändert den Schwarzmarkt vor dem Haus, löst Kreuzworträtsel und bemerkt einen Jeep, in dem englische und deutsche Militärpolizisten sitzen. Diese Beobachtung nimmt ihm den letzten Zweifel, dass die ehemaligen Kriegsgegner nun Verbündete seien (S. 140).

Lena Brücker sieht allmählich ein, dass sie Bremer nicht länger hinhalten kann, und beginnt in Selbstgesprächen den entscheidenden Moment der Aufklärung zu proben (S. 141–144). Am meisten fürchtet sie, er könne wortlos gehen. Sie möchte ihm ihr Gefühl mitteilen, dass es „auch in dunklen Zeiten helle Augenblicke" gebe, wie sie sie mit ihm erlebt habe (S. 144). Als sie aber nach Hause kommt, werden ihre Vorsätze noch einmal über den Haufen geworfen. Bremer hat in Erfahrung gebracht, dass sie Geburtstag hat, und ihr drei kunstvolle Papierrosen gefaltet (S. 144). Beglückt beschließt sie, sich – sozusagen als zusätzliches Geburtstagsgeschenk – noch drei weitere Tage mit Bremer zu gönnen (S. 145).

Kapitel 6

Im sechsten Kapitel (S. 146–164) überstürzen sich die Ereignisse: Lena Brücker sieht die schrecklichen Fotos aus den Konzentrationslagern, sagt Bremer im Affekt die Wahrheit, wird von diesem verlassen und wenig später arbeitslos, setzt ihren heimgekehrten Mann vor die Tür und muss sich daraufhin überlegen, wie sie ihre Kinder und ihren ersten Enkel versorgt.

Am Tag nach Lena Brückers Geburtstag erscheinen in der Zeitung **Fotos aus den Konzentrationslagern:** bis aufs Skelett abgemagerte Häftlinge, Waggons voller Leichen. Schockiert stellt sich Lena Brücker die Frage, was sie davon hätte wissen können und müssen (S. 146). Als sie Bremer erzählt, dass es offenbar Fabriken des Todes gegeben habe, in denen Menschen massenhaft ermordet worden sind, wehrt er ab: Das seien Märchen, Feindpropaganda. Stattdessen will er wissen, ob Breslau schon zurückerobert sei. Da bricht aus ihr die lang zurückgehaltene **Wahrheit** heraus, dass der **Krieg schon lange verloren** sei. Bremer ist wie vor den Kopf geschlagen (S. 147). Lena Brücker läuft auf die Straße. Sie erinnert sich an den Abtransport einer jüdischen Bekannten, an die Andeutungen eines bei der Reichsbahn beschäftigten Heizers über den Weitertransport der Opfer in Viehwaggons. Jeder, gesteht sie sich ein, habe geahnt, dass es irgendwo im Osten Konzentrationslager gebe (S. 148 f.).

Als Lena Brücker heimkehrt, ist **Bremer verschwunden**. Eine Nachricht hat er nicht hinterlassen. Der graue Anzug ihres Mannes fehlt, dafür hängt die Uniform mit dem Reiterabzeichen im Schrank. Die Feldplane liegt im Flur. Lena Brücker setzt sich an den Küchentisch und weint (S. 149 f.).

Der Erzähler möchte wissen, was aus Bremer geworden sei. Die alte Frau Brücker erwidert, sie habe keine Ahnung. Wieder sieht sich der Erzähler um die eigentliche Geschichte gebracht. Auf seine Nachfrage hin meint sie, doch, die Currywurst habe mit dem Bremer zu tun, aber eben nicht so direkt. Erst einmal seien die Männer aus der Gefangenschaft zurückgekommen, so auch im März 1946 ihr eigener (S. 151 f.). Als Frau Brücker sich nun anschickt, auch dessen Geschichte zu erzählen, verliert ihr Besucher die Geduld. Er müsse übermorgen zurück zu seiner Familie nach München. Mit Bedauern sieht Frau Brücker ein, dass sie die Geschichte mit Gary abkürzen muss (S. 152).

Ihr **Mann kommt** also **nach Hause**, scheint im Krieg nicht sehr gelitten zu haben und will seinen alten Platz in der Familie wieder einnehmen (S. 153). Der fehlende Anzug und die fremde Uniform im Schrank belehren ihn allerdings darüber, dass inzwischen viel passiert und er nicht selbstverständlich willkommen ist. Da er merkt, dass seine Frau nicht gewillt ist, sich deswegen zur Rechenschaft ziehen zu lassen, vermeidet er wohlweislich eine große Szene (S. 154). Er nimmt sein früheres Leben wieder auf, ist unter der Woche fort und am Wochenende abends allein unterwegs, während Lena nach ihrer Entlassung allein zu Hause sitzt und der vergangenen Zeit nachtrauert (S. 154 ff.). Sie beendet diese bedrückende Übergangszeit nach einem guten halben Jahr, als sie zwischen der dreckigen Unterwäsche ihres Mannes einen Damenschlüpfer entdeckt, woraufhin **sie ihn** aussperrt und **an die Luft setzt**. Überraschend widerstandslos fügt sich ihr Mann in die neue Lage und schlurft halb bekleidet, ohne sich noch einmal umzublicken, endgültig aus ihrem Leben (S. 157 ff.).

Nach diesem Zwischenfall hat Lena Brücker Ruhe, aber auch zwei Kinder und ein Enkelkind zu ernähren. Um weitere Geschichten abzublocken, regt der Erzähler einen neuerlichen Ausflug an, dieses Mal zum **Großneumarkt**, wo Lena Brücker dreißig Jahre lang ohne Unterbrechung ihre **Imbissbude** betrieben hat (S. 159 f.). Sie fahren an dem Haus vorbei, in dem Frau Brücker mehr als vierzig Jahre gewohnt hat. Die Gegend ist schick geworden (S. 160, vgl. auch S. 12). Frau Brücker möchte nicht anhalten. Sie erzählt vom Schwarzmarkt nach dem Krieg, von der Zeit, in der ihre Currywurst so gefragt war. Den Imbissstand, eine Bretterbude, hatte sie von einem alten Mann, den der Schlag getroffen hatte, pachtweise übernommen (S. 161 f.). Auf dem Großneumarkt angekommen, essen der Erzähler und Frau Brücker an dem modernen Imbisswagen, der nun dort steht, eine Currywurst. Die wird mittlerweile maschinell zerkleinert und lieblos mit einem Fertigprodukt übergossen (S. 163 f.). Die Geschäfte gehen schlecht und die Wurst ist von minderer Qualität. Wohl nicht zufällig stößt die blinde Frau Brücker (die sich ansonsten sehr gut zurechtfindet) ihren Pappteller vom Tischchen. Die Currywurst wandert in den Abfall (S. 164).

Kapitel 7

Im Schlusskapitel (S. 165–187) erzählt Lena Brücker davon, wie sie in einem **komplizierten Tauschgeschäft** die Zutaten für die Currywurst erhalten hat, deren anschließende Erfindung Folge eines Missgeschicks ist.

An seinem letzten Tag in Hamburg erfährt der Erzähler schließlich doch noch, wie Frau Brücker nach dem Krieg die Currywurst erfunden hat. Der Koch Holzinger gibt ihr den Tipp, sich an eine alkoholsüchtige Wurstfabrikantin in Elmshorn zu wenden (S. 165). Sie schneidert sich aus der Uniform Bremers ein Kostüm und fährt Ende Oktober 1947 zu der Fabrikantin, die bereit ist, ihr jede Woche für eine Flasche Whisky 250 Kalbswürste zu liefern (S. 166). Weitere Lebensmittel tauscht sie gegen das silberne Reiterabzeichen Bremers, an dem ein englischer Major sehr interessiert ist. Dieser liefert ihr Holz (S. 169 f.), für das sie vom Chefarzt einer Frauenklinik Chloroform erhält, das sie gegen kostbare Fehfelle tauschen kann, die zu einem Pelzmantel für die Frau des englischen Intendanturrats verarbeitet werden, von dem Lena Brücker im Gegenzug Speiseöl, Ketchup, Whisky und Zigaretten erhalten soll (S. 170–72). Den Pelzmantel fertigt der Vater des Erzählers an, der sich gerade das Kürschnerhandwerk beigebracht hat (S. 173). Als der wertvolle Fehmantel fertig ist, probiert ihn zunächst Frau Brücker. Sie sieht darin wie ein Filmstar aus und zögert einen Moment, den Tauschhandel überhaupt abzuschließen. Doch letztlich siegt ihr Realitätssinn. Auch die schöne Frau des Intendanturrats ist hingerissen (S. 175 ff.).

Alle sind zufrieden, bis der Intendanturrat damit herausrückt, dass er leider kein Pflanzenöl habe auftreiben können. Er bietet Lena Brücker ersatzweise fünf Seiten Speck oder eine Kilodose Currypulver. Lena Brücker nimmt gegen alle ökonomische Vernunft das Curry, weil sie sich daran erinnert, wie Bremer davon geschwärmt hat, und weil sie all die Waren ja ohnehin dem Reiterabzeichen Bremers verdankt (S. 177 f.).

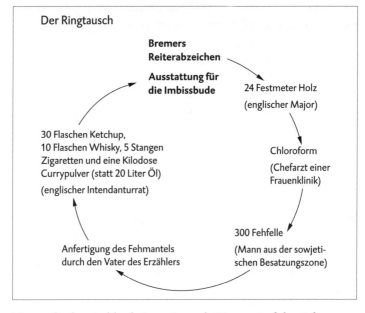

Ein englischer Soldat bringt sie nach Hause. Auf der Fahrt probiert sie das Curry, das bitter schmeckt und brennend scharf ist. Sie glaubt, einen ungeheuren Fehler gemacht zu haben. Im Treppenhaus, wo immer vor der letzten Treppe das Licht ausgeht, stürzt sie – mit ihren Gedanken bei Bremer – mit den Ketchupflaschen und der Currydose. Drei Flaschen gehen kaputt, ein Teil des Currys mischt sich mit dem roten Matsch. Verzweifelt über das Elend ihres Lebens setzt sie sich auf die Treppe und weint (S. 179 f.).

Nachdem der englische Fahrer sich verabschiedet hat, fischt Lena Brücker die Scherben aus dem Matsch, probiert davon und fängt an, vor Glück zu lachen (S. 180). Sie macht die Soße in der Pfanne heiß. Ein Duft wie aus Tausendundeiner Nacht erfüllt die Küche. Sie schneidet eine der Kalbswürste, die zu ihrer anfänglichen Enttäuschung ohne Haut geliefert worden sind (vgl. S. 175), in die Pfanne und **isst die erste Currywurst**. Den ganzen Abend experimentiert sie und verfeinert den Geschmack, bis sie die ideale Mischung gefunden hat (S. 181 f.).

Lena (Saskia Fischer) wird vor den Augen des englischen Soldaten (Tilmar Kuhn) von ihrem Kummer überwältigt (Szene aus der Bühnenfassung am Ernst Deutsch Theater).

Am nächsten Morgen, einem nasskalten Tag im Dezember **1947, eröffnet Lena Brücker ihre Bude**. Die Prostituierten aus dem nahe gelegenen Billigbordell sind ihre ersten, zunächst skeptischen, dann schnell begeisterten Gäste (S. 182). Eine von ihnen macht später die erste Imbissbude mit Currywurst in Berlin auf. In den Folgejahren verbreitet sich die Currywurst im nördlichen Deutschland und Europa, wo sie zu einem Lieblingsgericht der sogenannten kleinen Leute wird, während die oberen Gesellschaftskreise keinen Geschmack an ihr finden (S. 183).

Eines Tages steht auch **Bremer vor der Imbissbude** Lena Brückers. Er ist mittlerweile ein erfolgreicher Vertreter für Scheiben und Fensterkitt und denkt mit Wehmut an die Zeit, die er bei Lena Brücker verbracht hat. Er erkennt sie erst auf den zweiten Blick (seine Feldplane ist als Regenschutz über den Stand gespannt), sie ihn sofort (S. 183 f.). Beide behalten ihr Wissen für sich. Bremer isst eine Currywurst und erlangt seinen Geschmackssinn zurück (S. 184 f.). Er sieht Lena Brücker noch eine Weile bei der Arbeit zu, so wie der Erzähler sie viel später gesehen hat, und geht dann.

Damit endet die Geschichte. Auch das Pullovervorderteil ist fast fertig geworden. Der Erzähler nimmt Abschied (S. 185 f.).

Wie sich bei seinem nächsten Besuch in Hamburg, gut ein halbes Jahr später, zeigt, war es ein Abschied für immer. **Frau Brücker** ist zwei Monate zuvor **gestorben**. Sie hat dem Erzähler ein Paket hinterlassen, das ihm im Altersheim ausgehändigt wird (S. 186). Das Paket enthält den fertigen Pullover und einen Zettel, ausgerissen aus einer alten Illustrierten, auf dem Lena Brücker seinerzeit das Rezept für die Currywurst notiert hat (S. 187, vgl. S. 182). Auf der Rückseite des Zettels befindet sich ein Teil eines Kreuzworträtsels, das, so vermutet der Erzähler, Bremer ausgefüllt hat. Einzelne Wörter, die sich sinnreich auf Frau Brückers Geschichte beziehen, sind noch zu sehen, so auch das Wort „Novelle".

Textanalyse und Interpretation

1 Die Ebenen der Erzählung

Die Handlung der Novelle vollzieht sich im Wesentlichen auf zwei Zeitebenen. Die **erste Erzählebene** schildert die Bemühungen des Erzählers, von Frau Brücker zu erfahren, wie sie die Currywurst erfunden hat. Zu dieser Erzählebene gehören:
- die Einleitung, die – mithilfe von zahlreichen Rückblicken – das besondere Interesse des Erzählers an dieser Geschichte begründet (S. 7–16);
- alle Teile des Textes, die auf die Nachmittage Bezug nehmen, die der Erzähler bei der alten Frau Brücker im Altersheim in Harburg verbringt;
- die beiden Ausflüge nach Hamburg, die er mit Frau Brücker auf deren Wunsch hin unternimmt (S. 109–111, 159–165);
- die Mitteilungen des Erzählers über weitere Recherchen, die er anstellt, um Lena Brückers Geschichte darstellen zu können (vgl. etwa S. 52 f., 111–113, 119–121);
- Kommentare des Erzählers zu seinem erzählerischen Verfahren (S. 16) oder zu den Figuren seiner Erzählung (etwa S. 75);
- persönliche Erinnerungen des Erzählers an seinen Vater (S. 173–175);
- und schließlich der Schluss der Novelle, der davon berichtet, wie der Erzähler die Nachricht vom Tod der alten Frau Brücker erhält und das Paket, das sie ihm hinterlassen hat, in Empfang nimmt (S. 186 f.).

Diese erste Erzählebene spielt vermutlich hauptsächlich im Jahre 1988 (siehe *Interpretationshilfe*, S. 50). Diejenigen Passagen, die von den Überlegungen des Erzählers während des Schreibens handeln, sind noch später anzusetzen.

Die **zweite Erzählebene** konzentriert sich vorwiegend auf den begrenzten Zeitraum von gut drei Wochen (vgl. z. B. S. 87, 129, 146–149), die Hermann Bremer sich als Deserteur bei Lena Brücker versteckt hält. Diese Zeit, die in der Nacht vom 29. auf den 30. April 1945 beginnt (S. 16), steht im Mittelpunkt von Frau Brückers Erzählungen, die jedoch noch weitere Abschnitte aus ihrem Leben streifen: ihre unglückliche Ehe, ihr Leben während der sechs Kriegsjahre und die abenteuerlichen Anfänge ihres Erfolgs als Imbissbudenbetreiberin auf dem Hamburger Großneumarkt im Winter 1947 (vgl. die Zeitangaben S. 152, 157, 161, 166 und 182). Diese werden, weil sie unmittelbar zur Sache gehören, vom Erzähler ausführlich wiedergegeben (S. 159–185).

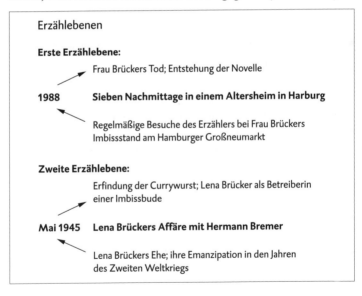

An zahlreichen Stellen wechselt die Erzählung fast unmerklich von einer Zeitebene in die andere. So heißt es etwa, als Lena Bremer endlich über die wirkliche Lage aufklärt: „Da, es war das erste, das einzige Mal, schrie sie ihn an: Nein. Die Stadt ist im

Arsch! Schon längst. [...] Der Krieg ist aus. [...] Wir haben ihn verloren, total. Gott sei Dank. / Er stand da, wie soll ich sagen, guckte mich an, nicht entsetzt, auch nicht mal fragend, nein, dösig." (S. 147) Unvermittelt gleitet die zitierte Stelle, die durch einen Erzählerkommentar eingeleitet wird, von der Figurenrede Lena Brückers in die Erzählerrede der alten Frau Brücker hinüber und damit von der zweiten Erzählebene (Mai 1945) in die erste (ins Jahr 1988). Durch diese Erzählweise hält der Erzähler das Bewusstsein der Leser dafür wach, dass seiner eigenen Erzählung fast durchweg die sehr subjektiven Anschauungen und Erinnerungen der alten Frau Brücker zugrunde liegen.

An anderen Stellen demonstriert der Erzähler, wie die **Zwischenfragen**, die er Frau Brücker stellt (meist, um sie wieder auf das Thema zu lenken, dem sein eigentliches Interesse gilt), direkten Einfluss auf ihre Erzählungen ausüben (wenn auch zumeist nicht mit der erhofften Wirkung). So erwähnt er seinen Onkel Heinz und dessen Fähigkeit, die Herkunft von Kartoffeln zu schmecken (vgl. S. 58), und Frau Brücker nimmt diesen Faden auf, der sie aber bald schon wieder zu Bremer führt: „Bremer mochte das nicht glauben, und da sagte sie, warte ab, bis er wieder da ist." (S. 59) Dieses „warte ab" erweist sich als folgenschwere Bemerkung, da Bremer daraufhin begreift, dass Lena Brücker sich eine gemeinsame Zukunft mit ihm erhofft. Der Versuch des Erzählers (auf der ersten Erzählebene), Frau Brücker von der Geschichte ihrer Beziehung mit Bremer abzubringen, führt in diesem Fall auf kurzem Weg mitten zurück ins Zentrum der Schwierigkeiten dieser Beziehung (auf der zweiten Erzählebene).

Die beiden Beispiele zeigen, dass die **enge Verzahnung der beiden Zeitebenen** verschiedene Zwecke erfüllen kann. Im ersten Beispiel sorgt sie zugleich für eine starke Unmittelbarkeit und für eine gewisse Distanzierung: Was seinerzeit geschah, gewinnt durch den Kommentar der Erzählerin Frau Brücker, in dem die Gefühlsintensität des längst vergangenen Erebnisses nachschwingt, wieder an Gegenwärtigkeit. Anderseits hindert der Kommentar den Leser daran, ganz in die Zeitebene der Geschehnisse vom Mai 1945 einzutauchen und sich mit der Hauptakteurin zu identifizieren. Im zweiten Beispiel wird der Leser Zeuge des Gesprächs zwischen dem Erzähler und der alten Frau Brücker. Er nimmt auf diese Weise nicht an der Geschichte selbst teil, jedoch an deren Entstehung, an der Rekonstruktion der Vergangenheit durch die Wissbegier des Erzählers sowie in den Erinnerungen Frau Brückers.

Für beide Beispiele lassen sich zahlreiche Parallelstellen finden. Auf diese Weise entsteht ein **Spiel zwischen Annäherung und Distanzierung des Lesers** gegenüber dem Erzählten. So wie die Glaubwürdigkeit der Geschichte teils betont (vgl. S. 187), teils relativiert (vgl. S. 9 f.) und insgesamt in der Schwebe gehalten wird, so sorgen die beiden Zeitebenen der Novelle dafür, dass der Leser zwar Anteil nimmt, jedoch nicht mit letzter Konsequenz in die Geschichte hineingezogen wird. Er soll sich nicht identifizieren, sondern sich vielmehr Gedanken machen.

2 Erzählperspektive

Wie die Erzählung an zahlreichen Stellen fast unmerklich zwischen den beiden zeitlichen Hauptebenen der Erzählung hin- und herwechselt, so wechselt sie – oft ebenso unauffällig – häufig von einer Erzählperspektive in eine andere. Vielfach überlässt der Erzähler, der sich bei seiner Darstellung grundsätzlich auf die Erzählungen der alten Frau Brücker stützt (vgl. S. 16), dieser direkt das Wort – wobei man sich klar machen muss, dass es sich auch in solchen Fällen um vom Erzähler untergeschobene Originaltöne Frau Brückers handelt, denn er hat bei seinen Besuchen im Altersheim ja kein Aufnahmegerät mitlaufen lassen. Die Passagen, in denen der Erzähler seine Informantin in ihrem charakteristischen Ton und mit dialektalem Anklang (vgl. dazu S. 102) sprechen lässt, sind von daher eher als Kunstgriff zu betrachten, der den Leser daran erinnern soll, dass er es hier mit einer ursprünglich mündlichen Erzählung zu tun hat. Zudem verstärken diese Passagen natürlich die Fiktion, dass die ganze Geschichte von der *Entdeckung der Currywurst* keine Erfindung des Erzählers ist, sondern auf „tatsächlichen" Erlebnissen „wirklicher" Menschen beruht.

Viele Stellen der Erzählung sind ganz aus der **Sicht Bremers** erzählt. Dabei handelt es sich vielfach um Situationen, bei denen es unwahrscheinlich, teilweise sogar ausgeschlossen ist, dass Bremer Lena Brücker später seine Gedanken mitgeteilt hat, sodass der Erzähler durch Frau Brücker davon hätte erfahren können (siehe *Interpretationshilfe*, S. 52 f., 94). Auffällige Beispiele für solche Situationen finden sich beispielsweise auf den Seiten 34, 40–43, 73 f., 76, 104 f., 126, 137 f. oder 183. Diese Textstellen stehen in einem gewissen Widerspruch zur übergreifenden Erzählperspektive der Novelle, weil die Kenntnis, die der Erzähler von den Gefühlen und Gedanken Bremers hat, im Text nicht plausibel begründet wird. Der Erzähler, der **eigentlich ein Erzähler mit eingeschränktem Überblick** ist, **wird** hier **zum allwissenden Erzähler**, ohne dass man erfährt, wie das möglich ist. Diese Auffälligkeit lässt sich als Hinweis darauf deuten, dass die Geschichte, entgegen den Beteuerungen des Erzählers, nicht wahr, sondern ausgedacht ist.

Übrigens betrifft diese Besonderheit in der Erzählperspektive nicht nur die Figur des Hermann Bremer. Auch **Gedanken von Nebenfiguren** werden mitgeteilt, so die des Blockwarts Lammers (vgl. S. 63) oder die des alten Luftschutzwarts, der Lena Brücker und Bremer am ersten Abend ihrer Bekanntschaft beobachtet (vgl. S. 21 f.). Gerade das Beispiel des alten Luftschutzwarts, einer wirklichen Randfigur der Novelle, die nur in einer kurzen Episode auftaucht, zeigt, dass der Erzähler sich nicht nur dort als allwissender Erzähler präsentiert, wo es ihm möglicherweise als zur inneren Charakterisierung für die Geschichte wichtiger Figuren notwendig erscheint.

3 Charakteristik der Figuren

Auf der ersten Erzählebene, die die Besuche des Erzählers bei der alten Frau Brücker schildert, weist die Novelle mit Frau Brücker und dem Erzähler zwei Hauptfiguren und mit dem Zivildienstleistenden Hugo zudem eine erwähnenswerte Nebenfigur auf. Auf der zweiten Erzählebene, die im Wesentlichen den Zeitraum zwischen Ende April 1945 und Ende 1947 umfasst, tritt wiederum Lena Brücker als Hauptfigur in Erscheinung. Die zweite Hauptfigur auf dieser Ebene ist Hermann Bremer. Als Nebenfiguren sind Lena Brückers Mann Willi Brücker, ihr Kollege, der Koch Holzinger, die Nachbarn Herr Lammers und Frau Eckleben sowie Lena Brückers Vorgesetzter Dr. Fröhlich von Interesse.

Der Erzähler
Der Erzähler **hat viel mit dem Autor Uwe Timm gemeinsam**. Wie dieser ist er in Hamburg geboren und aufgewachsen. Wie dieser hatte er in der Brüderstraße, nahe dem anrüchigen und entsprechend verlockenden Kiez (S. 7), eine Tante, in deren Küche die Erwachsenen Geschichten austauschten, die er anhören durfte, obwohl sie nicht unbedingt für die Ohren von Kindern bestimmt waren, und die er umso fasziniester aufnahm (S. 10). Wie Uwe Timms Vater bringt sich sein Vater nach dem Zweiten Weltkrieg das Kürschnerhandwerk bei. Die Kindheitserinnerungen an diese Zeit, die der Erzähler in die Novelle einflicht (S. 173–175), entsprechen denen, die Uwe Timm 2003 in seinem autobiografischen Buch *Am Beispiel meines Bruders* mitgeteilt hat. Wie Uwe Timm lebt der Erzähler in München (S. 8), ist verheiratet, hat Kinder (S. 152) und kommt in der Welt herum (S. 186). Wie dieser ist er offenkundig Schriftsteller, auch wenn das nirgends ausdrücklich gesagt wird.

Der Grund, warum Uwe Timm die Erzählerfigur in so auffälliger Weise mit seinem eigenen Leben verwoben hat, könnte in der spielerischen Absicht liegen, die unglaubliche Geschichte von Frau Brückers Erfindung der Currywurst **durch seine eigene Person zu beglaubigen.** Wird ein Erzähler, der so offensichtlich mit der bürgerlichen Person Uwe Timm identisch ist, den Lesern einen Bären aufbinden? Man möchte es nicht glauben. Doch man sollte sich andererseits nicht vorschnell darauf festlegen, dem Erzähler bedingungslos zu trauen. Denn er selbst gibt den Lesern einen entscheidenden Hinweis darauf, wer ihm das Geschichtenerzählen beigebracht hat. Es ist Frau Brücker selbst: „Das ist meine Erinnerung: Ich sitze in der Küche meiner Tante, in der Brüderstraße, und in dieser dunklen Küche [...] sitzt auch Frau Brücker, die im Haus ganz oben, unter dem Dach, wohnt. Sie erzählt von den Schwarzmarkthändlern, Schauerleuten, Seeleuten, den kleinen und großen Ganoven, den Nutten und Zuhältern, die zu ihrem Imbißstand kommen. Was gab es da für Geschichten. Nichts, was es nicht gab." (S. 10)

Hat sich der Erzähler Frau Brückers offenbar recht bedenkenlose Fabulierlust angeeignet? Oder ist er lediglich der treue Chronist einer weiteren fantastischen Geschichte, die Frau Brücker, wie in seiner Kindheit, zum Besten gibt und die er nur an manchen Stellen, an denen seine Quelle schweigt, ausschmückt? Die Novelle gibt das letztlich nicht preis und der Leser kann darüber nur Vermutungen anstellen. Immerhin sind solche Vermutungen recht aufschlussreich. So geht die Schilderung der Ereignisse und der Empfindungen der handelnden Personen durch den Erzähler oft über das hinaus, was ihm Frau Brücker mitgeteilt haben kann (vgl. etwa S. 75 f.). Aus welchen anderen Quellen er die entsprechenden Informationen geschöpft hat, bleibt unklar.

Auch sind die Sympathien des Erzählers wie auch seine Abneigungen und Vorbehalte deutlich zu erkennen. Sie äußern sich in **offenen und versteckten Wertungen** (siehe *Interpretationshilfe,* S. 45 ff., 52 f., 60).

Diese indirekten Quellen tragen viel zur Charakteristik der Erzählerfigur bei. Dennoch bleibt die Figur des Erzählers im

Dunkeln, so wie man sich selbst unbekannt bleibt: Man kommt sich selbst, außer im Spiegel, nicht in den Blick. Man nimmt vieles als gegeben hin, was einem bei anderen Menschen zu denken gibt. In ähnlicher Weise **setzt sich der Erzähler selbst beim Leser voraus** und verleitet diesen dazu, nicht viel über seine Rolle nachzudenken. Dass das ein Fehler sein könnte, merkt der Leser, wenn ihm aufzufallen beginnt, wie sehr es vom Erzähler abhängt, in welchem Licht die Figuren der Erzählung erscheinen.

Lena Brücker

Lena Brücker ist, als sie am Ende des Zweiten Weltkriegs das Verhältnis mit Bremer eingeht, 43 Jahre alt (vgl. S. 34). Ihr Vater ist „Sozi und in der Gewerkschaft gewesen" (S. 109). Mit diesem Hinweis sind das Milieu, aus dem sie stammt, und das Wertesystem, das sie geprägt hat, umrissen. Sie ist verheiratet und hat eine zwanzigjährige Tochter, Edith, die zwei Jahre zuvor als Arzthelferin ausgelernt hat und in Hannover lebt, und einen sechzehnjährigen Sohn, der als Flakhelfer im Ruhrgebiet eingesetzt worden ist (S. 32) und später Schornsteinfeger wird (S. 75).

Barabara Sukowa als Lena Brücker in der Verfilmung von Ulla Wagner (2008)

Ausgebildet ist Lena Brücker als **Täschnerin**, sie hat jedoch in diesem Beruf nach der Lehre keine Stelle gefunden und als Serviererin gearbeitet, wodurch sie ihren Mann kennengelernt hat. Nach der Geburt des zweiten Kindes hat sie aufgehört zu arbeiten, ist dann aber während des Krieges in die Kantine der Lebensmittelbehörde dienstverpflichtet worden, wo sie zunächst die Abrechnung erledigte und dann, nachdem auch der Kantinenleiter eingezogen worden war, zur kommissarischen Leiterin ernannt wurde (S. 33). Ihren Mann hat sie im Frühjahr 1945, als sie Hermann Bremer kennenlernt, seit fast sechs Jahren nicht mehr gesehen (S. 31). In dieser Zeit war sie nur einmal, am Silvesterabend 1943, mit einem anderen Mann zusammen, einem freundlichen, schüchternen Kollegen. Aber sie merkt bereits nach der ersten Nacht, dass dieser Mann ihr fremd bleibt, und beendet das Verhältnis gleich wieder (S. 48–50). Bremer dagegen gefällt ihr sofort, was für sie die Bedingung für eine echte Liebe zu sein scheint: „Liebe aus Vertrautheit. Alles Quatsch. Langweilig. Mit Bremer wars anders, ganz anders." (S. 50)

In ihrem Leben hat es jedoch mindestens noch einen weiteren Mann gegeben. Als Bremer Lena Brückers Wohnung durchstöbert, stößt er auf ein Bündel von Briefen, deren Absender Klaus Meyer offenbar eine Liebesbeziehung mit Lena Brücker hatte (S. 75 f.). Ihrem Besucher verrät die alte Frau Brücker, dass Klaus Meyer Vertreter für Knöpfe gewesen sei, belässt es aber bei dieser Information: „Wer ist das, fragte ich. Das is, sagte Frau Brücker, ne andere Geschichte. Hat nix mit der Currywurst zu tun." (S. 93) Es ist das einzige Mal, dass sich Frau Brücker weigert, eine Geschichte zu erzählen. Das könnte auf den besonderen Stellenwert deuten, den diese Beziehung für sie hat.

Umso schwerer wiegt es, dass Bremer ihre Sachen durchsucht und einen der Briefe liest (S. 73–76). Zu dieser Situation gibt es eine Parallelstelle, die dem Erzähler die Gelegenheit bietet, Lena Brücker gegenüber Bremer ins rechte Licht zu setzen. Als dieser auf der Toilette sitzt und eine Zigarre raucht, bemerkt Lena Brücker, dass seine Brieftasche, offenbar aus der Marinejacke gerutscht, auf dem Boden liegt. „Ein Teil der Fotos, Papiere, Marschbefehle, das Soldbuch waren fächerförmig herausgerutscht." (S. 83) Unverkennbar legt der Erzähler Wert darauf, deutlich zu machen, dass Lena Brücker nicht auf die Idee gekommen wäre, von sich aus in Bremers persönlichen Sachen zu kramen. Auch als sich Bremers Papiere gewissermaßen von selbst vor ihr auffächern, ist es für sie selbstverständlich, seine Privatsphäre zu respektieren: „Sie hob die Papiere und die Brieftasche auf, wollte sie zurückstecken." (S. 83) Erst als sie dabei das Foto von Bremer mit seiner Frau und seinem Kind sieht, geht sie zur Lampe, um es näher zu betrachten.

Nicht von ungefähr steht diese Situation, die Lena Brücker über Bremers Lüge aufklärt, am Ende des dritten Kapitels. Unmittelbar darauf, Anfang des vierten Kapitels, beginnt Lena Brücker Bremer zu verheimlichen, dass der Krieg zu Ende gegangen ist, um ihn noch etwas länger bei sich zu behalten. Das bedeutet zum einen: Lena liebt ihn nach wie vor, obwohl er sie getäuscht hat. Zum anderen rechtfertigt seine Lüge ihr ansonsten recht problematisches Verhalten; sie verleiht ihr gewissermaßen das moralische Recht, ihn ihrerseits zu belügen.

Dieses **Bedürfnis, Lena Brücker gegen mögliche Kritik des Lesers in Schutz zu nehmen**, ist beim Erzähler sehr ausgeprägt. An zahlreichen Stellen ergreift er für sie Partei. Wenn er sie einräumen lässt, dass sie hin und wieder auch Spaß dabei empfunden habe, Bremer etwas vorzumachen, so beeilt er sich, sie treuherzig versichern zu lassen: „Dabei hab ich nie gern gelogen. Tatsache. Schwindeln, klar, hin und wieder. Aber Lügen, hat meine Mutter immer gesagt, Lügen machen die Seele krank." (S. 91) Wenn sie Bremer ein falsches Bild von der Lage draußen vermittelt, so betont der Erzähler: „Er legte ihr die Antwort regelrecht in den Mund. Ja, ich glaube, ja, sagte Lena Brücker und war so weit nicht von der Wahrheit entfernt [...]." (S. 93; vgl. auch S. 117, 122 oder 113 f.: „Also mußte sie berichten. Dabei mußte sie nicht viel lügen. Es blieb ja zunächst fast alles beim alten.")

Der Erzähler lässt auch die alte Frau Brücker nochmals auf die Vorfälle zurückkommen, die ihre moralische Überlegenheit über Bremer besonders deutlich machen: „Die Brieftasche mit dem Foto hatte einfach dagelegen; er aber mußte in ihrer Abwesenheit ihre Sachen durchsucht haben, was doch wohl einen Unterschied macht." (S. 94) Ihre **selbstverständliche und couragierte Anständigkeit** wird nicht nur dadurch betont, dass sie als Einzige in der Nachbarschaft dem Blockwart Lammers und in seiner Person der nationalsozialistischen Diktatur den Respekt verweigert (S. 69, auch S. 65), sondern noch eigens durch Äußerungen der alten Frau Brücker hervorgehoben: „Ich hätt ihn", gemeint ist Bremer, „auf jeden Fall mit raufgenommen und versteckt. Das hatte nix mit der Sympathie zu tun. [...] Is ja das Kleine, was die Großen stolpern läßt. Nur müssen wir viele sein, damit die auch fallen." (S. 102; vgl. auch S. 110, 147 oder 128: „Ich hatte nie was mit dem Krieg am Hut".) Und wenn die alte Frau Brücker kurz darauf einräumt, in ihrem Leben auch „viel falsch gemacht" zu haben (S. 103), wirkt das nicht als eine Relativierung ihrer guten Tat, sondern erscheint als Ausdruck einer **Fähigkeit zur Selbstkritik**, die sie nur noch glaubwürdiger und bewundernswerter erscheinen lässt.

Wiederholt betont der Erzähler, dass Lena Brücker immer wieder mit sich ringt, ob sie Bremer nicht früher als geplant über die tatsächliche Lage informieren und also gehen lassen soll (vgl. S. 128, 141). Als sie am Abend ihres Geburtstags ihren eigenen festen Vorsatz über den Haufen wirft und sich noch drei zusätzliche Tage gönnt, versichert der Erzähler dennoch: „Und was sie sich vornahm, so gut hatte sie sich in vierzig Jahren kennengelernt, das tat sie denn auch." (S. 145)

Entscheidend für die Behandlung dieses Punktes, an dem Lena Brücker am angreifbarsten ist, ist der Hinweis, dass Bremer ohnehin „nicht viel früher [hätte] gehen können, selbst jetzt konnte er noch aufgegriffen werden [...]." (S. 150) Natürlich gibt der Erzähler an dieser und an anderen Stellen die Überlegungen und Rechtfertigungen der alten Frau Brücker wieder. Er schließt sich ihnen aber insofern an, als er sie nicht kritisch kommentiert und relativiert oder auch nur als direkte oder indirekte Rede präsentiert und damit deutlich Frau Brücker zuweist. Im Gegenteil übernimmt er sie vielfach in den Erzählerbericht und eignet sie sich damit an.

Die **Verklärung Lena Brückers** durch den Erzähler erreicht ihren Höhepunkt, als er ihre Äußerung über die Zeit mit Bremer wiedergibt: „Das ist eine Geschichte, die nur ich erzählen kann. Es gibt darin nämlich keine Helden." (S. 150) Dem Leser ist jedoch schon längst klar geworden, dass nicht nur Lena Brücker, sondern auch der Erzähler das Heldentum im konventionellen Sinn ablehnt (vgl. S. 28) und dass sich der Erzähler stattdessen für ein anderes Heldentum begeistert, das aus der Zivilcourage und Lebenskunst der sogenannten einfachen Leute erwächst. Diesem **Heldentum des Alltags** setzt Uwe Timm in der Figur der Lena Brücker ein Denkmal.

Übrigens hebt der Erzähler nicht nur Lena Brückers Charakter, sondern auch ihre **weiblichen Reize** ins rechte Licht. Mit großer Sympathie und unverhohlenem Interesse an ihrer äußeren Erscheinung beschreibt er die Fotografien aus Frau Brückers Fotoalbum, die sie zu verschiedenen Zeiten ihres Lebens zeigen: „Auffällig an ihr ist das leuchtend blonde Haar [...], verwegen sieht sie aus, im Gesicht ein Strahlen [...], ist sie in einem Sessel zurückgesunken, was die Beine – züchtig nebeneinandergestellt – noch länger erscheinen läßt, der Rock ist etwas hochgerutscht, deutlich ist der Strumpfansatz zu sehen." (S. 74) „Frau Brücker, im Laufe der Jahre, mal der Rock länger, mal kürzer, die Schuhe mal blockhaft, mal stilettartig, dann plötzlich diese indifferenten Kaufhauskleider der sechziger Jahre, kein Ausschnitt, keine betonte Taille, obwohl sie eine gute Figur hatte [...]. Sie sieht nicht wie fünfzig, eher wie vierzig aus, und doch ist aus dem Gesicht etwas verschwunden, etwas Genußfähiges, die Unterlippe, diese sinnlich vorgeschobene Unterlippe ist schmaler geworden [...]" (S. 75). Lena Brückers **Attraktivität** (und gewissermaßen auch ihre charakterliche Unbescholtenheit) wird auch dadurch zum Ausdruck gebracht, dass der englische Captain Friedländer, der eigentlich ein ins englische Exil getriebener deutscher Jude ist, „gern mit [ihr] fraternisiert" hätte (S. 116, vgl. auch 114, 143). Das teilnehmende Interesse des Erzählers an Lena Brücker als Frau geht so weit, dass er sie fragt, was sie damit meine, dass Bremer ein so guter Liebhaber gewesen sei (S. 90 f.).

Dass ein Erzähler, der so sehr mit der Hauptfigur seiner Erzählung auf Tuchfühlung geht, **nicht neutral** sein kann, ist offensichtlich. Das ist zu berücksichtigen, wenn es darum geht, sich über die Persönlichkeit Lena Brückers klar zu werden.

Allerdings besteht die Gefahr, dass das Bemühen des Erzählers, seine Heldin vorteilhaft zu präsentieren, beim Leser nicht den gewünschten Effekt auslöst. Als Leser möchte man in ein eigenes Verhältnis zu den Figuren eines literarischen Werks kommen. Die Anteilnahme, die der Erzähler seiner Heldin entgegenbringt, birgt demnach die Gefahr, die Anteilnahme des Lesers an Lena Brücker zu ersticken. Geradezu befreiend wirkt es da, wenn der Erzähler einmal die Vorsicht fahren lässt und eine Äußerung Lena Brückers wiedergibt, die unbedenklich egoistisch ist und gerade deshalb authentisch erscheint und von jedem Leser gleich nachvollzogen werden kann: „Manchmal hab ich überlegt, ob ich das Zeitungspapier nicht einfach früher ankommen lasse, dann is es aus mit dem Krieg, allerdings auch mit Bremer und mir. / Und haben Sie es verkürzt? / Nee. Eben nicht. / War das nicht unfair? / Weißte, unfair is nur das Alter.

Nee. War schön. Basta." (S. 128) In solchen – allerdings seltenen – Momenten lebt die Figur der Lena Brücker intensiver in der Vorstellung des Lesers als über weite Strecken der Novelle.

Abschließend noch ein Wort zur alten Frau Brücker, der Erzählerin ihrer eigenen Geschichte: Sie ist inzwischen 86 Jahre alt (S. 90) und lebt seit kurzem in einem städtischen Altersheim in Harburg (S. 13). Da sie 1945, als sie Bremer versteckte, 43 Jahre alt war, spielt die erste Ebene der Novelle (die Besuche des Erzählers bei Frau Brücker) wohl im Jahr 1988. Nicht ganz dazu passt die Information, dass Frau Brücker ihren Imbissstand, an dem der Erzähler sie bis kurz vor ihrer Geschäftsaufgabe und Übersiedelung ins Altersheim regelmäßig besucht hat, dreißig Jahre lang betrieben hat (S. 160); denn den Stand hat sie bereits 1947, bald nachdem sie ihren Mann vor die Tür gesetzt hatte, eröffnet (S. 161). Hier klafft eine Lücke von zehn Jahren.

Auch die alte Frau Brücker, die im Altersheim erblindet ist – das heißt: mehr und mehr nur noch in ihren Erinnerungen lebt –, imponiert dem Erzähler sehr. An dem Tag, an dem er sie auf ihren Wunsch hin in die Stadt fährt, wird ihm „unter dem zarten Druck auf meinem Arm die Kraft deutlich, die es diese Frau gekostet hatte, ihr Leben zu leben und dabei ihre Würde zu wahren." (S. 111) Und als er sie (wie sich später herausstellt) zum letzten Mal sieht, stellt er fest: „Zerbrechlich sah sie aus, aber von einer großen Zähigkeit, ja Kraft." (S. 185) Rechtschaffenheit, Kraft und Würde, daneben aber auch Attraktivität, Sinnlichkeit und Lust am Erzählen: Diese Eigenschaften sind es, die Lena Brücker in den Augen des Erzählers auszeichnen.

Hermann Bremer

Hermann Bremer ist eine weniger erstaunliche Figur. Als er Lena Brücker kennenlernt, ist er 24 Jahre alt (S. 20). Er ist „Maschinenbauer" (S. 28), hat also eine anspruchsvolle Ausbildung absolviert oder wenigstens angefangen. Lena Brücker und er gehören nicht dem gleichen sozialen Milieu an.

Bremer erscheint als recht **sympathischer Mensch von durchschnittlichen Anlagen**. Dass er angenehm sein muss, ergibt sich eher indirekt aus der spontanen Zuneigung, die Lena Brücker für ihn fasst. Seine **Durchschnittlichkeit** äußert sich darin, dass er weder ausgesprochen feige (S. 27 f.) noch ausgesprochen mutig ist (S. 23, 41, 46 f., 78), dass er sehr konventionelle, linientreue Vorstellungen von Ehre hat (S. 92), dass er sich vom Wunschtraum eines deutschen Endsiegs (nun im Verbund mit den westlichen Alliierten) nicht zu lösen vermag (vgl. besonders S. 116–118, auch 127), dass er nichts von den begangenen Verbrechen hören will (S. 147) und dass er Lena Brücker, die ihn versteckt hat, schließlich aus – wenn auch verständlichem – Ärger ohne ein Wort verlässt (S. 149 f.). Ob er Lena Brücker vielleicht sogar sein Leben verdankt, darüber gibt die Novelle widersprüchliche Auskunft: Zunächst teilt der Erzähler mit, an der Verteidigungslinie, an der Bremer eingesetzt werden sollte, sei es „nicht mehr zum Endkampf [ge]kommen, ein Geplänkel, ein, zwei Scharmützel nur, dann zogen sich die Deutschen, die längst keine Einheiten mehr waren, zurück." (S. 41) Später jedoch kommentiert der an dieser Stelle allwissend agierende Erzähler die geschönten Meldungen der Zeitung vom 30. April: „Nichts stand da von der Gruppe Borowski. [...] Und nichts von den siebzehn Gefallenen in einem Trichter, in dem wahrscheinlich auch Bremer an diesem Morgen gelegen hätte, denn er war dieser Gruppe Borowski zugeteilt gewesen." (S. 58)

Insgesamt spielt Bremer in der Novelle eine etwas undankbare Rolle. Seine Möglichkeiten, sich vorteilhaft in Szene zu setzen, sind sehr beschränkt. Er muss „auf Strumpfsocken" herumlaufen (S. 91), sich in der Kammer verstecken und hat, abgesehen vom Abwasch, dem er sich mit Gründlichkeit widmet, keine rechte Beschäftigung. Zunehmend breitet sich in ihm das Gefühl aus,

„in einer Falle zu sitzen" (S. 119). Das ist nachvollziehbar, wirkt jedoch angesichts der Gefahr, der sich Lena Brücker seinetwegen aussetzt, ein wenig undankbar. Dass er immer ungeduldiger auf Nachrichten über die Lage draußen wartet und sich Lena Brücker gegenüber mehr und mehr lieblos verhält, trägt ebenfalls nicht dazu bei, seinen Charakter positiv herauszustreichen. Hinzu kommt sein Unvermögen, sein eigenes Kind, das er während seines Heimaturlaubs erstmals gesehen hat, ins Herz zu schließen (S. 74).

Auch ist er **unehrlich und indiskret**. Zweifellos befindet sich Bremer in einer Extremsituation, die manches entschuldigt. Dennoch wiegt sein doppeltes Fehlverhalten schwer. Zweimal versichert er Lena Brücker, nicht verheiratet zu sein (S. 31 und 84). Zudem stöbert er in ihren persönlichen Sachen. Hier wie auch an zahlreichen anderen Stellen schreibt der Erzähler die vermeintlichen Gedanken Bremers auf, den er aber nie getroffen hat: „Zwar sagte er sich, das ist nicht fein, was du da machst, aber dann dachte er, es wäre nützlich, einen Atlas zu haben, [...] und das war ein Grund, auch im Wohnzimmerschrank mit einem weniger schlechten Gewissen weiterzusuchen." (S. 73)

Solche Passagen sind offenkundig vom Erzähler erfunden. Er hat sich aus dem Bericht der alten Frau Brücker ein Bild von Bremer gemacht. Nun schiebt er Bremer Gedanken unter, die diesem Bild entsprechen. Dabei zeigt sich eine Tendenz, Bremer abzuwerten. Diese bildet vielleicht einen Ausgleich für die besonders positive Schilderung Lena Brückers. Sie macht sich etwa bemerkbar, als der Erzähler Bremer einen der von Klaus Meyer an Lena Brücker gerichteten Briefe lesen lässt, der fast literarische Qualitäten hat. Er lässt Bremer daraufhin darüber nachdenken, „daß er so einen Brief nicht schreiben könne. Wie das Stöhnen und Ächzen der Erde." (S. 76) Ihm – dem Maschinenbauer, soll das heißen – steht eine solche bildhafte, poetische Sprache nicht zur Verfügung. Dazu passt, dass die alte Frau Brücker dem Erzähler gesagt hat, Bremer sei „ja eher, sagen wir mal n nüchterner Mensch" gewesen (S. 82). Der Erzähler, der selbst ein professionell wortgewandter Mensch ist, scheint das mit Befriedigung aufzunehmen. So gesehen ist seine **Tendenz, Bremer abzuwerten**, möglicherweise auch die Folge einer unbewussten Empfindung männlicher Rivalität gegenüber Bremer. Erstaunlich ist nur, dass der Erzähler ihm an einer späteren Stelle der Novelle sehr wohl die Fähigkeit verleiht, in Gedanken bildmächtig und poetisch zu formulieren: „Eine ferne, tiefe Stille. Bomber flogen über die Stadt, hin und wieder. Keine Detonation. Sie war eingeschlafen. Sie schmatzte im Schlaf. Er legte sich wieder hin. Einmal heulten nachts kurz die Sirenen, so als seufze die Stadt aus einem schweren Traum voller brennender Bäume, flüssigem Asphalt und schreiender Fackeln auf." (S. 104) Offenbar geht diese stilistische Inkonsequenz, dieser Bruch in Bremers Charakterzeichnung, auf die Formulierungslust des Erzählers zurück.

Auch wenn Bremer insgesamt als eher **prosaischer Mensch** geschildert ist, hat er dennoch einmal etwas märchenhaft Begeisterndes erlebt. Er ist „vor dem Krieg als Maschinenassi mit einem Dampfer nach Indien gefahren" (S. 82) und hat dort das exotische Curry gegessen, das ihm wie eine Art Götterspeise vorkam ist. Daran knüpft Lena Brücker an, als sie die Currywurst erfindet. Möglich wird diese Erfindung durch das Reiterabzeichen Bremers, das ihn ebenfalls zu etwas Besonderem macht. Märchenhafte Züge weisen auch der Verlust seines Geschmackssinns, vor allem aber dessen Wiedergewinnung Jahre später auf, als er zufällig am Imbissstand Lena Brückers vorbeikommt und bei ihr eine Currywurst isst (S. 183–185; siehe *Interpretationshilfe* S. 68 ff.).

Diese **märchenhaften Momente** verleihen dem ansonsten durchschnittlich wirkenden Menschen Bremer das Besondere, das wohl auch Lena Brücker für ihn eingenommen hat. Der Erzähler stellt aber klar, dass solche Höhenflüge Bremers nur vorübergehender Natur sind. Als er gegen Ende der Novelle noch einmal die Bühne betritt, um bei Lena Brücker seinen Geschmackssinn zurückzuerlangen, ist er „Vertreter […] für Scheiben und Fensterkitt" (S. 183), denkt mit heimlicher Sehnsucht an die Zeit bei Lena Brücker zurück und scheut dann doch davor zurück, sie anzusprechen und sich ihr zu erkennen zu geben (S. 183–185). Ein großer Abgang ist das nicht.

Willi (Gary) Brücker

Lena Brückers Mann ist ein **Frauenheld**, der ihr viel zumutet, bis sie ihn schließlich vor die Tür setzt. Von den Ehejahren vor der Einberufung ihres Mannes in den Krieg erzählt Lena Brücker Bremer auf dem Matratzenfloß (S. 98–102). Den letzten Akt ihrer Ehe nach der Rückkehr ihres Mannes aus der russischen Kriegsgefangenschaft schildert sie dem Erzähler (S. 152–159).

Schon vor diesen beiden Abschnitten, in denen die Novelle ausführlicher auf Willi Brücker eingeht, ist gelegentlich von ihm die Rede. Gleich auf den ersten Seiten gibt es, durch die Mutter des Erzählers, eine Vorausdeutung auf „die Geschichte mit ihrem Mann", den Frau Brücker „eines Tages vor die Tür gesetzt" hat (S. 11). Wenige Seiten später erfährt der Leser von einem Foto in Frau Brückers Fotoalbum, das einen „Mann auf einer Barkasse" zeigt, der, wie der Erzähler feststellt, „Gary Cooper ähnlich" sieht (S. 25). Frau Brücker bestätigt daraufhin, dass dies allen Leuten aufgefallen sei und ihrem Mann (denn um diesen handelt es sich bei dem Abgebildeten) den Spitznamen Gary eingetragen habe. Dass er so gut ausgesehen habe, erwähnt sie mit Stolz, fügt jedoch sogleich hinzu, dass das „auch das Leid" gewesen sei, denn die Frauen seien hinter ihm her gewesen und er hinter den Frauen (S. 25).

Kennengelernt hat sie ihn, als sie als Serviererin gearbeitet und er als Gast mit ihr geflirtet hat. Ihr Versuch, ihn abblitzen zu lassen, veranlasst ihn, seine Unwiderstehlichkeit unter Beweis zu stellen: Auf ihre schnippische Frage hin, „ob er wohl glaube, der Kaiser von China zu sein", antwortet er mit ja, „zog einen Taschenkamm aus der Hose, legte die feine Papierserviette um den Kamm und begann auf dem Kamm die Melodie *Immer nur lächeln* zu blasen. Im Café brachen die Gespräche ab, alle starrten zu ihnen hinüber, und da hatte sie schnell ja gesagt." (S. 33) In dieser Situation ist Willi Brückers Charakter bereits komplett umrissen: Über allem anderen stehen sein **Bedürfnis** und seine Fähigkeit, in Gesellschaft zu glänzen und die anderen mit seinem Charme zu blenden. Lena Brücker, der die Huldigung gilt, fühlt sich geschmeichelt und ist zugleich peinlich berührt, weshalb sie sich beeilt, die Vorstellung abzubrechen. Vermutlich spürt sie, dass es ihrem Verehrer mindestens ebenso darum geht, **sich vor Publikum in Szene zu setzen** wie ihr den Hof zu machen.

Zunächst lässt sie sich dennoch bezaubern und heiratet den gut aussehenden Mann. Doch die Ehe ist, wie abzusehen war, unglücklich. Ihr Mann, der als Barkassenführer im Hamburger Hafen arbeitet, lässt sich auf Schmuggelgeschäfte ein, um seine extravaganten Bedürfnisse zu befriedigen. Er kleidet sich elegant, raucht teure Zigarren und erwirbt sich einen weiteren Spitznamen: „Der Lord vom Trampgang" (S. 99, 101). In diesem Namen kommen erneut die zwiespältigen Gefühle zum Ausdruck, die Willi Brücker bei anderen Leuten auslöst: Bewunderung, aber zugleich auch Kopfschütteln darüber, dass einer so viel Wert darauf legt, sich von ihnen abzuheben.

Dass so viel **Hochmut** vor dem Fall kommt und diesen geradezu heraufbeschwört, bestätigt sich, als Willi Brücker wegen Schmuggels verhaftet und verurteilt wird, ein Jahr ins Gefängnis muss und danach nur noch als „Kapitän der Landstraße", als Lkw-Fahrer, arbeiten kann (S. 101). Auch damit arrangiert er sich, er glänzt gewissermaßen auf bescheidenerem Niveau weiter, hat überall „irgendwelche Frauen" (S. 101), auch während des Krieges (S. 31), spielt sich durch seine Virtuosität auf dem

Kamm sogar während der Kriegsgefangenschaft in den Vordergrund und macht sich angeblich bei den russischen Wachmännern so beliebt, dass er wohlgenährt und relativ früh (im März 1946) aus der Gefangenschaft nach Hause kommt (S. 152 f.). Dort findet er jedoch eine Frau vor, die mittlerweile an Selbstbewusstsein gewonnen hat und nicht mehr bereit ist, sich alles gefallen zu lassen. Nur noch kurze Zeit kann er scheinbar sein gewohntes Leben als Frauenheld und Pascha wieder aufnehmen. Die glänzende Fassade beginnt zu bröckeln. Zu Hause lässt Willi Brücker sich gehen: „Samstags saß Gary im Sofa, unrasiert [...], trank Bier und blätterte in der Lesemappe. Gegen Abend begann er sich einzuseifen, rasierte sich scharf, puderte das Gesicht, tönte die langsam grau werdenden Augenbrauen, ließ sich die Wimpern beim Friseur dunkel färben, sah tatsächlich aus wie Gary Cooper, mit blitzblauen Augen, auch mit den Tränensäcken, nur daß ihr Gary etwas versoffener aussah, schon damals." (S. 156)

Schließlich wirft Lena Brücker ihren Mann aus dem Haus, als sie beim Waschen unter seinen dreckigen Unterhosen einen knapp geschnittenen Damenschlüpfer findet. Er tobt ein bisschen vor der Tür, resigniert dann aber schnell und schlurft in seinen Hausschlappen aus ihrem Leben (S. 157–159).

So wird Lena Brücker ihren Mann unerwartet einfach los, nachdem sie sich endlich entschlossen hat, sein Verhalten nicht länger zu dulden. Garys Abgang macht klar, dass auch seine Liebe zu ihr längst verflogen ist, wenn er, der ganz auf sich selbst bezogen ist, sie überhaupt jemals wirklich geliebt hat. Das zeigt aber auch, dass sein **Selbstbewusstsein im Grunde schwach** ist. Schon sein permanentes Bedürfnis, anderen zu imponieren, Eroberungen zu machen, deutet darauf, dass er auf Bestätigung von außen angewiesen ist. Bewunderungswürdig ist er nur so lange, wie andere bereit sind, ihm diese Bewunderung entgegenzubringen.

Willi Brückers persönlichem Abstieg steht der Aufstieg Lena Brückers zu einer selbstständigen und erfolgreichen Frau gegenüber, die ihr Leben gestaltet, Verantwortung übernimmt und sich und ihre Familie ernährt. So ist Willi Brücker eine (vielleicht generationstypische) **Gegenfigur zu Lena Brücker**, die deren Lebensleistung noch beachtlicher erscheinen lässt.

Holzinger

Der gebürtige Wiener Holzinger ist ein Kollege Lena Brückers in der Kantine der Lebensmittelbehörde. Er ist dort ihr **engster Vertrauter** (vgl. S. 114, 136, 140–142). Wie sie hält er wenig von den Nationalsozialisten. Bei Kriegsbeginn in die Rundfunkkantine des Reichssenders Königsberg dienstverpflichtet, sabotiert er die Propagandamaschinerie des Dritten Reiches, indem er dafür sorgt, dass die Rundfunksprecher und Redakteure des Senders immer dann, wenn es militärische Siege zu melden gibt, unter Brechdurchfall leiden (S. 52). Ganz offenkundig geht es bei dieser Art von Sabotage vor allem darum, die deutschen ‚Herrenmenschen' der Lächerlichkeit preiszugeben. Holzinger ist der Prototyp des **listigen Einzelgängers**, der den humorlosen Machthabern Widerstand leistet und sich dabei nicht erwischen lässt. Der Erzähler scheint gespürt zu haben, dass Holzingers **Sabotage** zu gut erfunden wirkt, als dass man als Leser tatsächlich daran glauben könnte. Es ist eine typische Legende. Um den Leser dennoch davon zu überzeugen, dass sich alles so zugetragen hat, behauptet der Erzähler, er habe sich eine „mitgeschnittene Radioaufnahme" vorspielen lassen, „in der ein Sprecher bei den Worten *unsere siegreichen Fallschirmjäger* zu würgen beginnt, nach *Kreta* kommt ein akustisches Loch, das Mikrophon wird vom Sprecher kurz abgeschaltet, dann folgt ein gerülpstes *erobert*, das in Kotzgeräusche mündet. Aus." (S. 52 f.) Die Absicht, die überheblichen Sieger lächerlich zu machen, ist aber so deutlich zu erkennen, dass auch dieses ‚Beweisstück' erfunden wirkt, zumal der Erzähler auch sonst für seine Geschichte nur in Hamburg recherchiert zu haben scheint. Der Kommentar hat dadurch eher den Effekt, die Glaubwürdigkeit des Erzählers zu vermindern als die Glaubwürdigkeit der Königsberger Episode zu erhöhen.

Natürlich schöpfen die Nazis Verdacht, können Holzinger aber nicht überführen und beschränken sich daher darauf, ihn nach Hamburg zu versetzen (S. 53). Dort geht Lena Brücker, was das Kochen angeht, bei ihm in die Schule. Sie bezeichnet ihn wiederholt als einen „Zauberer" (S. 33, 53), der „aus fast nichts etwas" habe machen können und „etwas Ausgezeichnetes aus etwas" (S. 53). Sehr gut kennt er sich mit Gewürzen aus (S. 33). Dass Lena Brücker kurz nach dem Krieg, inmitten von Hunger und Mangelwirtschaft, die Currywurst erfindet, erscheint daher beinahe als logische Konsequenz ihrer Bekanntschaft mit Holzinger, der ihr zudem den wichtigen Hinweis auf die „Wurstfabriksbesitzerin in Elmshorn" gibt (S. 165).

Während Lena Brücker und Holzinger gemeinsam die Kantine führen, sabotieren sie zusammen weiter (vgl. S. 54, 56 f.). Sie bilden eine spontane kleine Widerstandszelle, der die volle Sympathie des Erzählers gehört. Die Komik, die von ihren verschmitzten Sabotageakten ausgeht, wirkt jedoch etwas schal, wenn man sich vergegenwärtigt, wie wenig komisch, vielmehr lebensgefährlich der Widerstand im Dritten Reich in der Regel war, und wie oft er tödlich endete.

Lammers

Lammers ist eine zwiespältige und von daher interessante Figur. Er vertritt den Typus des **blinden Anhängers Adolf Hitlers**. Eigentlich ist er ein schrulliger und **belächelter Einzelgänger**, der auch erst spät der Partei beitritt, sich dann aber sogleich als „Hundertfünfzigprozentiger" erweist (S. 66). Als in der Nachbarschaft der Schiffsbauer Wehrs, ein erklärter Gegner der Nazis, verhaftet wird, halten die Nachbarn Lammers für den Denunzianten (S. 67 f.). Infolgedessen wird er angefeindet und ausgegrenzt. Er macht jedoch die Erfahrung, dass er sich das jetzt nicht mehr gefallen lassen muss: Nachdem er eingesehen hat, dass die Leute

3 Charakteristik der Figuren | 59

Blockwart Lammers (Branko Samarovski) will Lena Brückers (Barbara Sukowa) Wohnung inspizieren (Szene aus der Verfilmung von Ulla Wagner).

seinen Unschuldsbeteuerungen keinen Glauben schenken, beginnt er, ihnen unangenehme Fragen nach ihrer Loyalität dem Regime gegenüber zu stellen, und verschafft sich auf diese Weise schnell Respekt. Er wird nun zwar umso mehr gehasst, aber dafür wenigstens gefürchtet. Schnell steigt er zum **Blockwart** auf (S. 69). Dieses Amt verwaltet er auf pedantische und gehässige Art, wie seine Kontrollbesuche bei Lena Brücker zeigen (S. 61–65 und 77 f.). Als das Dritte Reich zu Ende geht, bricht für ihn eine Welt zusammen (S. 92). Nur wenige Tage später erhängt er sich „vor der Tür zum Luftschutzkeller. […] Er hatte seine Blockleiteruniform an, und der Kopf hing zur Seite, als wollte er sich irgendwo anlehnen, an eine Schulter oder Brust." (S. 107) In diesem Erzählerkommentar (beziehungsweise dem Kommentar der alten Frau Brücker, was an dieser Stelle nicht auseinanderzuhalten ist) wird nochmals deutlich, dass die Macht von Lammers allein daher rührte, dass er ein Rädchen innerhalb einer übermächtigen Machtmaschinerie war. Nun, nachdem diese Maschine still steht, erweist er sich als **hohle Existenz**, die sich alleine nicht halten und nirgends mehr anlehnen kann. Dieses Anlehnungsbedürfnis macht ihn jedoch auch zu einer menschlichen und auf kümmerliche Weise sogar **tragischen Gestalt**, weil sein eigenes Schicksal offenbar anders hätte verlaufen können, wenn die Leute ihm etwas Sympathie entgegengebracht hätten. Dass er von ihnen verkannt worden ist, zeigt sich, als der Erzähler in alten Akten herausfindet, dass nicht Lammers der Denunziant gewesen ist, der der Gestapo Berichte über die Nachbarn geliefert hat, sondern eine andere Nachbarin, Frau Eckleben (S. 120).

Von daher berührt es unangenehm, dass Lammers noch im Tod verhöhnt wird. Über den Selbstmörder, der an einem „ans obere Treppengeländer geknüpften Seil" hängt, heißt es abschließend: „Er mußte sich den großen Weltkrieg-I-Stahlhelm aufgesetzt haben, denn der war ihm vom Kopf gefallen und lag jetzt unter ihm wie ein Pißpott." (S. 107)

Dieser Kommentar ist wiederum nicht eindeutig als eine Äußerung der alten Frau Brücker ausgewiesen. Insofern geht er – zumindest auch – auf die Rechnung des Erzählers. Dass Lammers sich zu einem für seine Nachbarn gefährlichen Menschen entwickelt hatte, zeigen seine Drohungen gegenüber Lena Brücker (S. 64 f.). Doch die Art und Weise, wie sein Tod mitleidslos und höhnisch kommentiert wird, beweist auch, dass er seinerseits Grund hatte, die anderen Menschen zu hassen.

Dr. Fröhlich

Wie Lena Brücker und der Koch Holzinger als verschmitzte Saboteure ein Paar bilden, so bilden der Blockwart Lammers und der Betriebsführer der Lebensmittelbehörde Dr. Fröhlich ein Paar als Stützen des Regimes. Während Lammers jedoch stellvertretend für den einfachen Parteisoldaten steht, der mit dem Regime untergeht, verkörpert Dr. Fröhlich den **Typus des akademisch gebildeten, glatten Karrieristen**, der eigentlich keine Überzeugungen hat und infolgedessen sehr schnell in der Lage ist, unter veränderten Verhältnissen wiederum sein Fähnchen nach dem Wind zu drehen (vgl. S. 55 f. und 114 f.). Dass er auf diese Weise auch eine Gegenfigur zu der geradlinigen Lena Brücker ist, zeigt sich an ihrer Empörung über seine **chamäleonartige Wandlung** und an ihrem erfolgreichen Versuch, ihn nach Kriegsende öffentlich bloßzustellen. Tatsächlich wird Dr. Fröhlich kurz darauf aus dem Amt entfernt und interniert (S. 114 f.). Der „kompetente Verwaltungsjurist" (S. 115) wird jedoch „nur als Mitläufer eingestuft" (S. 151) und nach einem Dreivierteljahr wieder entlassen. Auch die Siegermächte glauben, auf Leute mit beruflichen Vorerfahrungen angewiesen zu sein. Dass Lena Brücker ohne derartige Vorkenntnisse die Kantine erfolgreich geleitet hat, zählt dagegen weniger. Wie ein schlechtes Omen für den Wiederaufbau einer deutschen Zivilgesellschaft wirkt es, dass Lena Brücker, die nach der Kapitulation Hamburgs zunächst aufgrund ihrer Unbescholtenheit eine Art Vertrauensstellung bei den alliierten Offizieren genoss, von Dr. Fröhlich nach dessen Rückkehr sofort entlassen wird. Entsprechend bitter fällt der Kommentar der alten Frau Brücker aus: „Im Januar 46 kam der Durchhalte-Fröhlich aus dem Internierungslager. [...] Wer andern eine Grube gräbt, hat wohlgebaut. Wurde zwar nicht mehr Behördenleiter, dafür aber Personalleiter. Verstehste?" (S. 151 f.) Damit deutet sie an, dass ‚die dort oben' letztlich immer am längeren Hebel sitzen und sich in ihren Positionen zu halten wissen. Die anderen, wie Lena Brücker, schlagen sich mühsamer, aber eben auch aufrechter durchs Leben. Diese zentrale Botschaft des Textes wird auch an der Figur des Dr. Fröhlich veranschaulicht.

Frau Eckleben

Auch Frau Eckleben gehört auf ihre Weise zu den Stützen der Diktatur. Sie hat „die Berichte für die Gestapo geliefert" (S. 120), während sich der Argwohn der Nachbarn gegen Lammers richtete. Als der Erzähler Frau Eckleben besucht, trifft er auf eine rüstige alte Frau, die ihr gutes Gedächtnis lobt. Früher war sie

„bei der Deutschen Reichspost und dort im Telegraphenamt beschäftigt." (S. 119) Diese Information wirkt wie ein ironischer Kommentar des Erzählers zu der **Denunziantin**, die sich auch privat mit einer Form der Nachrichtenübermittlung beschäftigte und vermutlich selbst vor dem Briefgeheimnis keinen Respekt hatte. Zur Zeit der Haupthandlung der Novelle wohnt Frau Eckleben direkt unter Lena Brücker und bringt diese mit ihrer Neugier wiederholt in Verlegenheit (S. 78 f., 85, 97 f., 119, 121). Natürlich merkt sie rasch, dass sich in Lena Brückers Wohnung eine zweite Person aufhält. Schnell kommt ihr der Gedanke, die Polizei zu rufen (S. 79). Lena Brücker gelingt es aber, sie in ihre Schranken zu weisen. Schließlich kommt Frau Eckleben auf den nicht ganz plausiblen Gedanken, ihre Nachbarin könne „jemand von der Partei" oder einen „von der SS" verstecken (S. 121), und lässt Lena Brücker in Ruhe. Im Übrigen ist auch der Krieg bereits zu Ende und das Regime gestürzt. Frau Ecklebens Rolle als Denunziantin ist damit ausgespielt.

Mit der Figur der Frau Eckleben wird veranschaulicht, welcher Gefahr sich Lena Brücker aussetzt, indem sie Bremer bei sich versteckt. Auch steht Frau Eckleben für die pessimistische, aber wohl realistische Einsicht, dass Schuld ‚im wirklichen Leben' nicht immer Strafe nach sich zieht, dass die ausgleichende Gerechtigkeit oft ausbleibt. Während Frau Brücker, erblindet und erschöpft von einem mühsamen Leben, im städtischen Altersheim recht vereinsamt lebt, wohnt Frau Eckleben bei ihrer Tochter, einer kurz vor der Pensionierung stehenden Lehrerin (S. 119). Als Postbeamtin hat sie die berufliche Sicherheit genossen, die Lena Brücker immer fehlte. Nie ist sie auf den Gedanken gekommen, ihre alten Überzeugungen zu revidieren. Über die „Jungs" von der SS sagt sie noch immer, sie seien „doch alle Idealisten gewesen" (S. 121). Ebenso **unbelehrt wie unbehelligt** lebt sie in zufriedenem Einklang mit sich selbst. Auch der Erzähler verzichtet darauf, sie mit ihren Berichten für die Gestapo zu konfrontieren.

3 Charakteristik der Figuren / 63

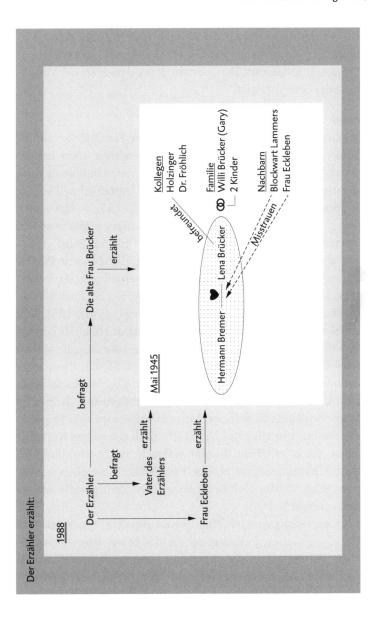

Die einzige Genugtuung, die er ihren Opfern (etwa dem Kommunisten Wehrs, in gewisser Hinsicht aber auch dem Blockwart Lammers) zukommen lässt, besteht darin, dass er sie der Verachtung der Leser preisgibt.

Hugo

Im Gegensatz zu Frau Eckleben ist die alte Frau Brücker auf die Fürsorge eines Zivildienstleistenden angewiesen. Zwar hat der „genug am Hals" (S. 109), wie Frau Brücker verständnisvoll kommentiert, und wird von seinem „Piepser" immer schnell wieder in andere Bereiche des Heims abberufen (S. 165), sodass er sich zumeist auf das Versprechen beschränken muss, später noch mal ‚reinzugucken' (S. 51). Dennoch hat sie es gut mit Hugo getroffen, den der Erzähler etwas klischeehaft als „Zivi mit Pferdeschwanz und goldenem Ring im Ohr" beschreibt (S. 51). Er verfolgt das Entstehen des Pullovervorderteils, an dem Frau Brücker strickt, mit einer Begeisterung, die echt wirkt (S. 51, 165). Frau Brücker ihrerseits erklärt, sich nur mit „Hugos Hilfe" als normale Bewohnerin des Altersheims halten zu können, „die wollen mich in die Pflegeabteilung abschieben." (S. 51) Die Chance der alten Frau, ihre hart erkämpfte Selbstständigkeit am Ende dieses Lebens wenigstens teilweise aufrechtzuerhalten und damit ihre Menschenwürde zu wahren, hängt offenbar ganz von Hugo ab. Als der Erzähler ein gutes halbes Jahr nach den sieben Nachmittagen, die er mit Frau Brücker verbracht hat, noch einmal zu Besuch kommt, erfährt er, dass Frau Brücker gestorben sei und dass Hugo, dessen Zivildienst beendet ist, mittlerweile fort sei und studiere (S. 186).

Hugo verkörpert die hoffnungsvolle Aussicht, dass Werte und Handlungsweisen fortbestehen, die das Leben lebenswert machen und oft erst ermöglichen: zwischenmenschliche Solidarität auch über Generationengrenzen hinweg, wirkliche **Anteilnahme und Herzlichkeit** sowie die Fähigkeit, sich in den Dienst der Mitmenschen zu stellen. Dass Frau Brücker dabei auf Hugo angewiesen ist, dass von ihren Kindern und Enkeln in diesem Zusammenhang nicht die Rede ist, zeigt aber auch, wie wenig selbstverständlich eine solche solidarische Einstellung ist. Hugo ist ein Lichtblick in Frau Brückers trister Altersheimexistenz.

4 Motive und Dingsymbole

Uwe Timms Novelle weist eine Reihe von Motiven und Dingsymbolen auf, die die Erzählung kompositorisch zusammenhalten. Literarische Motive sind wiederkehrende Elemente oder Konstellationen der Erzählung. Symbole können vereinfacht als Bestandteile der Erzählung definiert werden, in denen sich ein Erlebnis oder eine Erfahrung verdichtet.

Ein **Symbol** ist in diesem Sinne ein Zeichen, das nicht nur eine konkrete Bedeutung hat. Es lässt verschiedene (möglichst jedoch plausible und vom Text gestützte) Deutungen zu und muss von daher interpretiert werden. Der Begriff Dingsymbol bringt zum Ausdruck, dass es sich bei dem Symbol um einen Gegenstand handelt.

Man kann also sagen, dass sowohl im Motiv als auch im Symbol der Gehalt eines literarischen Werkes konzentriert ist. Beides sind kleine strukturelle Einheiten, die in gewisser Weise für das Ganze stehen. Was es mit diesem Ganzen jedoch auf sich hat, deuten sie nur an. Letztlich muss jede Leserin bzw. jeder Leser für sich entscheiden, wie sie oder er den Text versteht.

Lena Brückers Kochkünste, Hermann Brückers Verlust seines Geschmackssinns, seine Gier nach Nachrichten und seine Beschäftigung mit Kreuzworträtseln sind wichtige Motive, die Uwe Timms Novelle durchziehen. Der Pullover, an dem Frau Brücker strickt, die Feldplane Bremers und vor allem sein Reiterabzeichen können als zentrale Dingsymbole angesehen werden.

Lena Brückers Kochkünste – Die Lebenskunst der ‚kleinen Leute'

Schon am ersten gemeinsamen Abend mit Bremer stellt Lena Brücker ihre Kochkünste unter Beweis. Sie bereitet „falsche Krebssuppe" zu (S. 30), eine Delikatesse aus einfachsten Zutaten. „Ein Rezept, das sie selbst entwickelt habe. Ein Gericht, sagte sie, wie falscher Hase, und band sich die Schürze um." (S. 30)

Ihre **Lust am Kochen** entdeckt Lena Brücker erst, als im Verlauf des Krieges die Nahrungsmittel und damit alle Zutaten knapp werden, als es heißt, beim Kochen kreativ zu sein und **dem Mangel ein Schnippchen zu schlagen**. „Es machte ihr Spaß, mit nur wenigem auszukommen." (S. 35) Anregungen holt sie sich bei ihrem Kollegen in der von ihr geleiteten Kantine, dem Koch Holzinger, der in Wien „im *Erzherzog Johann* jahrelang als zweiter Saucenkoch" und „später als erster Saucenkoch auf dem Passagierschiff *Bremen*" gearbeitet hat (S. 52). Holzinger schwört vor allem auf Gewürze – sie seien „auf der Zunge die Erinnerungen an das Paradies" (S. 33). Seine Spezialisierung auf Saucen und Gewürze versetzt Lena Brücker im entscheidenden Moment der Geschichte in die Lage, den zufällig entstandenen „rotbraunen Matsch" von Ketchup und Curry (S. 180), der in der heißen Pfanne einen unerwarteten Wohlgeruch entfaltet, so lange zu verfeinern (mit Vanille, Pfeffer, Muskatnuss und Anis), bis sie die Sauce für die Currywurst erfunden hat.

Zusammenfassend lässt sich sagen, dass Lena Brückers Kochkünste, die an verschiedenen Stellen der Erzählung beschrieben werden, jeweils auf die Erfindung der Currywurst, den Zielpunkt der Geschichte, vorausdeuten. Zugleich weisen sie auf die Absicht des Autors, die Erfindung der Currywurst als einen **Triumph der Lebenskunst der sogenannten einfachen Leute über die Not** zu inszenieren. Nicht von ungefähr wird betont, dass zuerst die „Nutten aus dem Billigpuff der Brahmsstraße, übernächtigt, geschafft, fix und fertig" auf den Geschmack der frisch erfundenen Currywurst kommen. „Det isset, wat da Mensch braucht", sagt Lisa, die dann den ersten Stand in Berlin aufmacht, „det is eenfach schaaf." (S. 182) Als „resistent" erweisen sich hingegen „die oberen Gesellschaftskreise, keiner der Perrier-Jungs, keine der Boutiquentussis essen sie", wie der Erzähler, offenbar nicht ganz frei von Vorurteilen, hervorhebt (S. 183). Durch die gesamte Novelle zieht sich der **Gegensatz zwischen den gebeutelten einfachen Leuten**, den geborenen Opfern der Geschichte, **und den Mächtigen**, die leichtfertig das Unglück der anderen verursachen. Solche Mächtigen sind die Nazis wie Gauredner Grün (vgl. S. 54–57), Gauleiter Kaufmann (S. 86 f.) oder die Militärs wie die Stadtkommandanten von Hamburg, deren kampflose Übergabe der Stadt in seltsamem Kontrast zu ihren unentwegten Durchhaltebefehlen steht und weniger von ihrem Verantwortungsbewusstsein für die Bevölkerung geleitet ist als von politischem Opportunismus und der Sorge um ihr eigenes Schicksal, wie der Erzähler sarkastisch anmerkt (S. 86 f.). Dass Lena einen Soldaten zur Fahnenflucht veranlasst und versteckt, bezeugt ihren Widerstand gegen die Mächtigen.

Lena Brückers **Triumph über ihr Opferdasein** besteht jedoch eben auch darin, dass sie den schlechten Verhältnissen das wohlschmeckende Gericht abringt, das den einfachen Leuten die Schwermut vertreibt (vgl. S. 82 f., 112, 182). Ironischerweise hätte sie ohne den Krieg, den sie als Unglück empfindet, nicht begonnen, mit Lust zu kochen. Ebenso wenig hätte sie ohne den Krieg die Kantinenleitung übertragen bekommen, eine für sie sehr befriedigende Tätigkeit: „war ne schöne Zeit: telefonieren und organisieren" (S. 155). Auch den Koch Holzinger hätte sie ohne den Krieg nicht kennengelernt. Dass Lena Brücker, auch wenn der Krieg ihr persönliches Schicksal durchaus nicht nur verschlechtert (in diesen Zusammenhang gehört auch die Abwesenheit ihres untreuen Ehemanns, vgl. S. 31), unbeirrt an ihrer oppositionellen Haltung festhält, ist ein wesentliches Merkmal ihres Charakters. In diesem Sinne ist es nur konsequent, dass sie schließlich die Currywurst erfindet, die dem Establishment nicht schmeckt. Der Geschmack nach „süßlichscharfe[r] Anarchie" (S. 183), den der Erzähler der Currywurst zuschreibt, ist auch ein Ausdruck von Lena Brückers Persönlichkeit.

Lena (Saskia Fischer) entdeckt den Geschmack des mit Ketchup vermischten Currys (Szene aus der Dramenfassung des Ernst Deutsch Theaters in Hamburg, 2006).

So hängt im Motiv von Lena Brückers Kochkünsten vieles mit vielem zusammen: die konkrete Geschichte der Erfindung der Currywurst mit der Geschichte Deutschlands, aber auch die Lebenskunst der einfachen Leute mit der **Opposition gegen die Mächtigen**.

Der verlorene Geschmackssinn

Auch dass Hermann Bremer, Lena Brückers Schützling, den Geschmackssinn verliert, hat möglicherweise mit deren Kochkünsten zu tun. Er trinkt den Eichelkaffee, mit dem Frau Brücker „lange experimentiert" hat, wie sich die Mutter des Erzählers erinnert. „Wer den Kaffee über einen längeren Zeitraum trank, verlor, behauptete meine Mutter, langsam den Geschmack. Der

Eichelkaffee hat die Zunge regelrecht gegerbt." (S. 11) Wohl unter dem Eindruck dieser Mitteilungen behauptet der Erzähler zu Beginn des dritten Kapitels, der Eichelkaffee Lena Brückers habe Bremer den Mund zusammengezogen (S. 71). Bremer selbst kann ihm das ja nicht erzählt haben und auch Lena Brücker gegenüber, der Informationsquelle des Erzählers, wird sich Bremer nicht in dieser Weise geäußert haben.

Dass er nichts mehr schmeckt, wird Bremer erstmals bewusst, als er und Lena Brücker die ersten Kaugummis ihres Lebens kauen (S. 123 f.). Bremer kann also nicht wissen, wie ein Kaugummi schmeckt. Während ihm zuvor, bei offenbar abnehmendem Geschmackssinn, die Erinnerung an den Geschmack der Speisen seinen wahren Zustand verschleierte, ist er nun unfähig, das Neue geschmacklich einzuordnen.

Offenkundig **steht der Verlust des Geschmackssinns für Bremers Situation**. Die alte Frau Brücker – die vehement bestreitet, dass der Eichelkaffee etwas damit zu tun habe – deutet den Vorgang gegenüber dem Erzähler so, dass Bremer „einfach die Decke auf n Kopp" gefallen sei (S. 139). Immerhin habe er täglich mehr als neun Stunden allein in der Wohnung aushalten müssen. Wie einem Tier, das im Zoo gefangen gehalten und mit allem Notwendigen versorgt wird, die in freier Wildbahn geschärften Sinne aus Untätigkeit und Überdruss zu verkümmern beginnen, so bildet sich Bremers Geschmackssinn zurück. Dessen Verlust ist damit **Symptom seiner verminderten Vitalität**. In diesen Zusammenhang gehört auch der Hinweis darauf, dass Bremer während seines Aufenthaltes bei Lena Brücker zunimmt, „und zwar kräftig. Es lag an der fehlenden Bewegung" (S. 141). Nicht zufällig wird diese Gewichtszunahme zum ersten Mal nach der körperlichen Auseinandersetzung zwischen Lena Brücker und Bremer erwähnt, in der er überwunden und gedemütigt wird (S. 130–132). Darunter leidet auch sein sexuelles Begehren. „Sein Glied war klein, lag ihr warm in der Hand." (S. 132)

Dass Bremers Unfähigkeit, etwas zu schmecken, eng mit einer **Verschlechterung ihrer beider Beziehung** zusammenhängt, zeigt sich ferner einer Beobachtung Lena Brückers: Bremer beginnt, das von ihr liebevoll zubereitete Essen „mit einer gleichmäßigen, ja stumpfen Gier" in sich hineinzulöffeln, „die sie an ihren glatzköpfigen Vater denken ließ." (S. 127) Im ersten Kapitel der Novelle hat der Leser erfahren, dass es wohl an diesem Vater, „der dasaß und das Essen in sich hineinschaufelte, abwesend", gelegen habe, dass Lena Brücker nie hatte kochen mögen (S. 34). „Lustlos hatte sie für ihren Mann gekocht und lustlos für sich, und, wenn sie ehrlich war, auch für die Kinder" (S. 35). Diese Lustlosigkeit steht für die fehlende Liebe in ihrem Leben vor der Begegnung mit Bremer, von der Frau Brücker wiederholt beteuert, diese sei „das Glück" gewesen. Nun läuft sie Gefahr, Bremer – indem sie ihn so lange bei sich festhält, bis er allmählich den Geschmack an der Sache verliert – **in einen lieblosen Kostgänger zu verwandeln**, wie es ihr Vater und ihr Mann gewesen sind.

Nach der Vorstellung des Erzählers interpretiert Bremer den Verlust seines Geschmackssinns so, dass dies der Preis sei, den er für seine Fahnenflucht, für seine Feigheit zu zahlen habe. Er redet sich ein, ein Schwein zu sein (S. 138). Solche schwermütigen Gedanken deuten an, dass **Bremers Selbstachtung angeschlagen ist**.

Hat Lena Brücker, ohne es darauf anzulegen und letztlich zu ihrem eigenen Kummer, Bremer in seiner Vitalität und seiner Selbstachtung beschädigt, indem sie ihn aus selbstsüchtiger Zuneigung länger als nötig an sich gefesselt hat, so gelingt es ihr zuletzt auch, ihn von dieser Beeinträchtigung zu befreien. Das geschieht, als Bremer Jahre später an ihrem Stand eine Currywurst isst, die Frau Brücker wiederum ohne ihre Begegnung mit Bremer nie hätte erfinden können. Durch seine Erzählung vom Curry, dieser „Götterspeise", dem „Gewürz gegen die Schwer-

Bremer (Alexander Khuon) begegnet Lena Brücker (Barbara Sukowa) an der Imbissbude wieder (Szene aus der Verfilmung von Ulla Wagner, 2008).

mut und gegen dickes Blut" (S. 83), versetzt er sie in die Lage, das Rezept zu finden, das ihn letztlich heilt. Dass Lena Brücker, als sie die Currywurst erfindet, nicht wissen kann, ob sie Bremer jemals wiedersehen wird und ob er noch ihre Hilfe braucht, lässt **Bremers Heilung**, das Happy End der Geschichte, noch märchenhafter erscheinen, als sie ohnehin ist. Diese **märchenhafte Wendung** kann man als Hinweis darauf lesen, dass die ganze Geschichte von der Erfindung der Currywurst durch Lena Brücker ein Märchen ist. Innerhalb der Liebesgeschichte zwischen ihr und Bremer erscheint sie hingegen als Argument dafür, dass ein Unrecht, das ein Mensch einem anderen aus Liebe antut, wieder gut gemacht werden kann. Jedoch handelt es sich dabei offenkundig mehr um einen Wunsch des Erzählers als um eine gültige Wahrheit; denn was Bremer wirklich erlebt und gedacht hat, als er Lena Brücker noch einmal traf und eine ihrer Currywürste aß (S. 183–185), kann der Erzähler letztlich nicht wissen (siehe *Interpretationshilfe,* S. 94 ff.).

Bremers Gier nach Nachrichten

Bremers sich laufend steigernde Gier nach Nachrichten steht für seine **wachsende Ungeduld**, Lena Brückers Wohnung und ihre Obhut zu verlassen und in sein eigentliches Leben zurückzukehren. Für Lena Brücker gibt es diese Unterscheidung nicht. Bremer gehört zu ihrem eigentlichen Leben, auch wenn sie sich darüber im Klaren ist, dass sein Aufenthalt bei ihr und ihr Verhältnis mit ihm nur eine Episode sein werden. Um diese Episode künstlich zu verlängern, muss sie ihm gerade das vorenthalten, was er mehr und mehr und am dringlichsten von ihr begehrt: zuverlässige Informationen über die Lage draußen.

Bremers Gier nach Nachrichten ist daher der genaue **Gradmesser für die nachlassende Intensität der Beziehung** zwischen ihm und Lena Brücker. Sie ist die Kehrseite ihres Verhältnisses: nicht nur, weil sie deutlich macht, dass Bremer im Grunde seines Herzens nicht bei Lena Brücker ist, sondern weil sich Lena Brücker **durch sie zu ihren kleinen Lügen veranlasst** sieht. Unwahrheit jedoch erstickt eine Beziehung, in der Offenheit und Vertrauen herrschen sollten.

Bremer lügt bereits am ersten Abend, als Lena Brücker ihn fragt, ob er bei seiner Frau gewesen sei (S. 31). Die Lügen Lena Brückers beginnen am dritten Tag, in dem Moment, als der Krieg zu Ende ist, ohne dass sie dies Bremer mitteilt (S. 88–90). Aus dem wenigen, was Lena Brücker ihm sagt, beginnt Bremer, seine eigenen Schlüsse zu ziehen. Sein **Wunschdenken, Deutschland möge die Niederlage erspart bleiben**, es möge sich mit den Engländern und Amerikanern verbünden und gegen die Russen ziehen, gewinnt die Oberhand. Lena Brücker bestärkt ihn in diesem Glauben und dem Erzähler liegt offenkundig viel daran, deutlich zu machen, dass sie ihren Schützling und Liebhaber nicht dreist belügt, sondern sich auf möglichst kleine Unterschlagungen der Wahrheit beschränkt (siehe *Interpretationshilfe*, S. 46 f.).

Doch selbst bei weitgehender Abgeschnittenheit von der Außenwelt – das Radio ist kaputt (S. 72 f.) und Lena Brücker macht ihm längere Zeit vor, es gebe noch keine Zeitungen – kann es nicht ausbleiben, dass Wirklichkeitssplitter von draußen in Bremers Asyl dringen, die nicht mit der angeblichen Lage, wie sie Lena Brücker ihm vorgaukelt, zusammenpassen (vgl. etwa S. 96, 104, 125–127). Er **wird misstrauisch** und sein Wunsch, an Informationen aus erster Hand zu gelangen, wird immer dringlicher (vgl. S. 97, 105).

Es ist der einzige Wunsch, den Lena Brücker ihm nicht erfüllt. Umso stärker wird Bremer mit der Zeit von diesem Wunsch beherrscht: „[...] sie küßten sich, aber von Tag zu Tag flüchtiger, weil sie die innere Anspannung in seinem Rücken spüren konnte, so stocksteif stand er da, er konnte es nicht abwarten, endlich fragen zu können, was draußen los sei, ob es Zeitungen gäbe, ob sie eine Radioröhre gefunden habe, wo die Front jetzt verlaufen würde." (S. 113) Schließlich, siebzehn Tage nach der Kapitulation, nachdem sich Bremer also gut zwei Wochen hat hinhalten lassen, eskaliert die Situation. Bremer versucht aus der abgeschlossenen Wohnung auszubrechen. Es kommt zu einer Rangelei (S. 129–131). Zwar gibt Bremer schließlich klein bei und fügt sich erneut in seine umfassende Abhängigkeit von der Frau, die ihn versteckt, doch ist von nun an die Grundlage ihrer Beziehung, ihr sexuelles Begehren, auf seiner Seite erloschen (S. 132).

Schon zuvor war der Umstand, dass Lena Brücker ihren Geliebten täuscht, auch für ihre Liebe zu Bremer nicht ohne negative Folgen geblieben. Sie hatte ihn, generalstabsmäßig über ihren Schulatlas gebeugt, von einer Seite kennengelernt, die sie wenig schätzte: „Wenn nur nicht immer diese dösigen Fragen nach den vorrückenden Truppen gewesen wären. [...] Die Rückeroberung des Ostens, so n Quatsch." (S. 128, vgl. auch S. 116 f.) Und sie hatte **ihn nicht mehr ganz ernst nehmen können**, was einer leidenschaftlichen Liebe ohne Frage ebenfalls abträglich ist: „Es wurde nicht mehr gekämpft, und ich hatte einen in der Wohnung, der auf Strumpfsocken herumschlich. Nicht, daß ich mich über ihn lustig gemacht hab, aber ich fand ihn komisch. Sie lachte. Wenn man jemanden komisch findet, muß man nicht aufhören, ihn gern zu haben, aber man nimmt ihn nicht mehr so furchtbar ernst." (S. 91) Nun aber, **durch den offenen Ausbruch, ist das Verhältnis erloschen**, auch wenn es noch eine Weile lang fortglimmt und Bremer sie zu ihrem Geburtstag sogar mit kunstvoll gefalteten Papierrosen überrascht (S. 144).

Das Ende kommt überraschend. Erschüttert von den Fotos, die die Alliierten in den Konzentrationslagern aufgenommen und in den Zeitungen veröffentlicht haben, berichtet Lena Brücker Bremer von den schrecklichen Enthüllungen. Erstmals sagt sie ihm, was aktuell die Nachrichten beherrscht. Und gerade diese Nachricht hält Bremer für falsch – nicht für von ihr erfunden, aber für „Feindpropaganda" (S. 147). Ihre Empörung über seine Reaktion veranlasst sie, ihm die ganze Wahrheit ins Gesicht zu schreien, anstatt sie ihm schonend beizubringen, wie sie es sich vorgenommen hat. Dann verlässt sie die Wohnung. Als sie zurückkommt, ist Bremer fort.

Die traurige Pointe ist, dass sich Bremer lange Zeit mit falschen Nachrichten hat hinhalten lassen, weil sie seinen Wünschen entsprachen. Die **erste wahre Nachricht erscheint ihm hingegen als Lüge**, weil sie mit seinem Selbstbild als Deutscher nicht zu vereinbaren ist. Mit seiner ideologisch verbohrten und menschlich ungerührten Reaktion zerstört er (wenigstens für den Moment) Lena Brückers Liebe zu ihm. Paradoxerweise erreicht er gerade dadurch sein Ziel, die Ungewissheit und die damit verbundene Angst zu durchbrechen und Lena Brücker verlassen zu können.

Die Kreuzworträtsel

In einem Werkstattgespräch über seine Bücher und sein Selbstverständnis als Schriftsteller, das Uwe Timm im Mai 1993, kurz nach Beendigung der *Entdeckung der Currywurst*, mit dem Literaturwissenschaftler Manfred Durzak führte, äußerte der Autor, er spiele in diesem Werk „mit einer bestimmten literarischen Form – der **Novelle**. Sie ist **wie ein Kreuzworträtsel angelegt** – und der Held, der Deserteur, der gerade kein Held ist, löst in seinem Versteck auch Kreuzworträtsel. Dessen Lösungsbuchstaben könnten ihm etwas über sein Schicksal verraten haben. Vielleicht hat er das auch verstanden und ist aufgestanden und aus seinem Versteck und von dieser Frau geflohen. Ich weiß es nicht. Es ist eine Möglichkeit." (DAdW, S. 347)

Hier soll zunächst der Hinweis darauf verfolgt werden, dass der Autor in den Lösungsworten der Kreuzworträtsel, die im Text erwähnt werden, eine **Botschaft an Bremer versteckt** hat.

Schon der bloße Umstand, dass Bremer in seinem Versteck Kreuzworträtsel zu lösen beginnt, ist ein **Sinnbild für seine Beschäftigungslosigkeit**. Darüber hinaus kann dieser Zeitvertreib als Zeichen dafür verstanden werden, dass Bremer seine **eigene Situation rätselhaft** ist, weil er nur einzelne Bruchstücke der Wirklichkeit draußen kennt, so wie er nur einzelne Lösungswörter der verschiedenen Rätsel errät. Dass es ihm letztlich nicht darum geht, Kreuzworträtsel zu lösen, sondern die Lage draußen und damit seine eigene Lage zu begreifen, zeigt sich exemplarisch an der folgenden Stelle: „Bremer starrte auf das Kreuzworträtsel. Pferd mit Flügeln: sieben Buchstaben. Sonnenklar. Er blickte hoch, endlich, sagte er, endlich ist Churchill aufgewacht. Jetzt, sagte er und stand auf, gehts gegen die Russen. Ein Verhandlungsfriede mit dem Westen, sonnenklar, sagte er schon wieder. Sie verstand nicht." (S. 93) Die Komik der Situation entsteht daraus, dass sich das „sonnenklar" auf die Frage im Kreuzworträtsel nach dem Pferd mit Flügeln zu beziehen scheint, sich dann tatsächlich aber zeigt, dass Bremer die Frage gar nicht wirklich wahrgenommen hat, sondern ununterbrochen seinen eigenen Gedanken nachhängt.

Das Lösungswort, das Bremer nach Auskunft von Uwe Timm etwas über sein Schicksal hätte mitteilen können, ist „Pegasus". **Pegasus** ist in der griechischen Sagenwelt ein geflügeltes Pferd, das aus dem Blut der Medusa entsprang. Diese ist ein weibliches Ungeheuer. Wer ihren Kopf, das Medusenhaupt, betrachtete, wurde zu Stein. Durch den Hufschlag des Pegasus entstand die Hippokrene, die Quelle der Musen. So wurde Pegasus zum Wappentier der Dichtung. Überträgt man diesen mythologischen Hintergrund auf Bremers Situation, könnte man den Hinweis folgendermaßen deuten: Die Wirklichkeit, die sich Bremer aus den Erzählungen Lena Brückers ableiten kann, ist mehr Dichtung als Wahrheit. Am Ursprung dieser erdichteten Scheinwelt befindet sich das unheilvolle Medusenhaupt seiner Retterin, die ihn zwar nicht ganz zu Stein verwandelt, aber seinem Bewegungsspielraum enge Grenzen gezogen hat.

Schon die erste Erwähnung der Kreuzworträtsel spielt mit dieser **Diskrepanz zwischen Dichtung und Wahrheit**, Scheinwelt und Wirklichkeit, die ja auch dem zuvor besprochenen Motiv (Bremers Gier nach Nachrichten) zugrunde liegt. Das erste Kreuzworträtsel findet Bremer in einer drei Jahre alten Illustrierten (S. 45). Mehr als das Rätsel interessiert ihn der darin enthaltene Bericht über die deutsche Offensive in Nordafrika. Schon hier macht sich sein Wunschdenken, die deutsche Armee möge noch beziehungsweise wieder auf dem Vormarsch sein, bemerkbar.

Das Kreuzworträtsel wird wieder erwähnt, als Bremer das Lösungswort „Staat" einfällt (S. 60). Bezeichnenderweise ist auch diese Lösung sozusagen nur ein zufälliges **Nebenprodukt der strategischen Ausführungen**, mit denen Bremer Lena Brücker auf die Nerven geht.

Am 1. Mai beginnt Bremer „ein neues Kreuzworträtsel zu lösen" (S. 72). „Eine Stadt in Ostpreußen, sechs Buchstaben", fällt ihm gleich ein (nämlich „Tilsit"), weil er ohnehin über die strategische Lage nachdenkt. Folgerichtig kommentiert er für sich: „Die Stadt gab es schon nicht mehr." Kurz darauf durchstöbert er die Wohnung nach einem Atlas (S. 73). Auf das zweite Lösungswort kommt er dagegen nicht: „Eine literarische Gattung mit N am Anfang und sieben Buchstaben". Die Auflösung gibt der Erzähler mit dem letzten Wort seiner Erzählung: „Novelle" (S. 187). Dort, am Ende der Geschichte, nimmt der Erzähler ein Paket in Empfang, das Frau Brücker ihm hinterlassen hat und das nicht nur den zum Teil in seinem Beisein gestrickten Pullover enthält, sondern auch einen Zettel mit dem Rezept der Currywurst. Das Rezept hat Lena Brücker auf einem „aus einer alten Illustrierten herausgerissenen Zettel" notiert (S. 181 f.), auf dessen Rückseite sich eben das Kreuzworträtsel befindet, das Bremer am 1. Mai zu lösen begonnen hat (vgl. S. 72 und 187). Während Bremer (vorläufig) nicht auf „Novelle" gekommen ist, hat er ein anderes auf Seite 72 erwähntes Wort gewusst: „Ein griechischer Dichter mit H, fünf Buchstaben? Homer." Dies ist eine von drei **Anspielungen auf die *Odyssee***, das berühmte Epos der Antike, das von den Irrfahrten des Odysseus berichtet, der nach Ende des zehnjährigen Krieges um Troja nochmals zehn Jahre benötigt, um nach Hause zu seiner Frau und zu seinem Sohn zu finden. Einige der Götter sind gegen ihn und machen ihm das Leben schwer. Die weitaus meiste Zeit auf seiner Heimreise, sieben Jahre, verbringt Odysseus auf der **Insel der Nymphe Kalypso**, einer Tochter des Atlas, die ihn liebt und bei sich behalten möchte. Aus diesem goldenen Käfig kann er erst entschlüpfen, als Kalypso, von den Odysseus wohlwollenden Göttern ernstlich ermahnt, ihm erlaubt, ein Floß zu bauen und wieder in See zu stechen. „Kalypso" ist eines der Lösungswörter im vermutlich von Bremer ausgefüllten Kreuzworträtsel – „ausgefüllt in Blockbuchstaben, die, vermute ich, von Bremer stammen" (S. 187) – und hätte ihm wohl zu denken geben sollen. Die dritte Anspielung auf die *Odyssee* enthält das Wort „Kirke": „Griechische Zauberin. Fünf Buchstaben. Erster Buchstabe ein K. Wußte er nicht." (S. 140) **Kirke** ist bei Homer eine Zauberin, wiederum auf einer einsamen Insel, die Odysseus umgarnt und einige der Gefährten des Odysseus in Schweine verwandelt. Odysseus gelingt es aber, sie wieder zurückzuverwandeln. Noch im heutigen Sprachgebrauch hält sich der von Kirke (oder Circe) hergeleitete Begriff „bezirzen" (oder „becircen"), mit dem man eine etwas aufdringliche Verführungskunst bezeichnet. Auch diese Lösung hätte Bremer, wenn er denn auf sie gekommen wäre, auf den Gedanken bringen können, sich nicht zu sehr in die Hand von Lena Brücker zu geben und von ihr mästen zu lassen. Anspielungsreich wirkt zudem die nur zwei Seiten zuvor getroffene Feststellung, dass sich Bremer mehr und mehr, wenn auch aus anderen Gründen, für „ein Schwein" hält (S. 138).

Weitere auf Seite 187 erwähnte Lösungswörter im vermutlich von Bremer ausgefüllten Kreuzworträtsel sind: „Kapriole, Ingwer, Rose" und „Eichkatz". Als eine „Kapriole" (von italienisch „Bocksprung" abgeleitet), ein launenhafter Einfall beziehungsweise ein toller Streich, kann sicher Lena Brückers Idee bezeichnet werden, Bremer das Ende des Krieges zu verschweigen. „Ingwer" ist eines der verschiedenen Gewürze, aus denen Curry gemischt wird, und gilt zudem „als Depressionskiller und Aphrodisiak[um]" (vgl. S. 112). „Rose" bezieht sich vermutlich auf die drei Papierrosen, die Bremer Lena Brücker zu ihrem Geburtstag gefaltet hat und diese veranlassen, ihn vor Glück noch drei zusätzliche Tage bei sich festzuhalten (S. 144 f.). Vielleicht hat ihn erst das Lösungswort im Kreuzworträtsel auf diese Geschenkidee gebracht. „Eichkatz" schließlich könnte auf den Fehmantel vorausdeuten, der am Ende im von Lena Brücker organisierten Ringtausch eine zentrale Rolle spielen wird.

Die Lösung „Novelle" scheint Bremer zuletzt auch noch gefunden zu haben, denn auf der Rückseite des Rezepts, das Frau Brücker dem Erzähler hinterlassen hat, steht ja auch dieses Wort (S. 187). Dieses Lösungswort ist eine **Spielerei zwischen Erzähler und Leser**, die der Figur Bremer nichts sagen kann, weil dieser natürlich noch nicht weiß, dass viel später jemand aus seinen Erlebnissen eine Novelle machen wird. Andere Lösungswörter („Tilsit", „Staat", „Sueben") sind ebenfalls eher für den Leser, im Hinblick auf die Einschätzung Bremers, aufschlussreich. „Homer" und „Kalypso", „Ingwer", „Rose" und „Kapriole" hätten Bremer dagegen eventuell zum Anlass dienen können, seine Situation zu reflektieren. Aber eingesperrt, an der Heimfahrt gehindert, schließlich auch an der Nase herumgeführt fühlt er sich ja ohnehin. Dazu braucht es diese Anspielungen nicht. Sie sind mehr ein ironischer Kommentar des Autors zu seiner Erzählung als ein wesentliches Element der Handlung.

Der Pullover
Während die alte Frau Brücker erzählt, strickt sie an einem Pullover für ihren Urenkel (vgl. S. 15). Die Pullovervorderseite, die unter den Augen des Erzählers entsteht, ist „ein kleines Strickkunstwerk" (S. 15). Zuletzt hinterlässt Frau Brücker den Pullover dem Erzähler, wohl als Erinnerung an die sieben gemeinsam verbrachten Nachmittage: „Auf dem Pullover eine Landschaft, hellbraun zwei Hügel, dazwischen ein Tal, auf dem rechten Hügel die Tanne, dunkelgrün, darüber der Himmel, eine knallgelbe Sonne, und dann war da noch eine kleine weiße Wolke, etwas zerfasert entschwebte sie ins Blau." (S. 186 f.)
Dass Frau Brücker beim Erzählen strickt, ist mehr als ein glaubwürdiges Detail, das die in der Rahmenhandlung der ersten Erzählebene geschilderte Situation anschaulich macht. Das **Strickzeug ist ihr Attribut** (Kennzeichen), das sie als Erzählerin kenntlich macht.

Das **Spiel mit der ursprünglichen Bedeutung von „Text"** ist unter Schriftstellern beliebt und hat eine lange Tradition. Der deutsche Begriff *Text* leitet sich von dem lateinischen Wort *textus* her, das *Geflecht, Zusammenhang* bedeutet. Erzählen steht demnach in enger Beziehung mit dem lateinischen Verb *texere, flechten*. Nicht von ungefähr spricht man vom roten Faden einer Erzählung oder davon, dass ein liegen gebliebener Faden einer Erzählung wieder aufgenommen wird. Und die alte Frau Brücker wechselt die Fäden ihrer Erzählung beinahe so oft wie die Fäden ihrer Strickwolle, mit denen sie das beschriebene Motiv entstehen lässt. Ihr Stricken steht insofern in genauer Analogie zu ihrem Erzählen. „Sie lachte, ließ den blauen Faden fallen, nahm den grünen vorsichtig über den Finger. / Wie halten Sie die Fäden auseinander, wollte ich wissen. Reihenfolge. Muß man sich merken. Reine Kopfarbeit. So bleibt man jung im Kopf." (S. 133 f.)

Das Stricken weist aber auch darauf hin, dass Lena Brücker für Bremer Schicksal gespielt hat und auch beim Erzählen des Vergangenen die Lebensfäden der Figuren in der Hand hält. Nach Belieben kann sie deren Schicksal drehen und wenden. Die **strickende Frau Brücker** kann man als **Verkörperung der griechischen Schicksalsgöttinnen**, der Moiren, ansehen. Der griechische Begriff *Moira* bezeichnete ursprünglich den dem einzelnen Menschen vom Schicksal zugewiesenen Platz innerhalb des Ordnungs- und Sinnganzen des Kosmos und wurde später gleichbedeutend mit „Schicksal" verwendet. Dieses Schicksal wird in der griechischen Mythologie von drei Schwestern, Töchtern des Göttervaters Zeus, personifiziert: Klotho ist die Spinnerin des Lebensfadens, Lachesis teilt das Lebenslos zu und Atropos schneidet zum gegebenen Zeitpunkt den Lebensfaden des einzelnen Menschen ab. In der römischen und germanischen Mythologie gibt es ganz ähnliche Vorstellungen. Die Schicksalsschwestern heißen dort Parzen beziehungsweise Nornen.

Auch die Information, dass die alte Frau Brücker das Augenlicht verloren hat (vgl. S. 14), deutet auf ihre bewusste Stilisierung als Schicksalsgöttin durch den Autor. Seher, die das Schicksal vorhersagen können, werden fast traditionell als Blinde geschildert. Und auch der Volksmund spricht, in anderer Bedeutung, vom „**blinden Schicksal**".

Aber nicht nur der bloße Umstand, dass Frau Brücker strickt, sondern auch das Motiv, das unter ihren Händen entsteht, ist offensichtlich bewusst gewählt und wert, näher betrachtet zu werden.

Es handelt sich um ein **Landschaftsmotiv**, in dessen Vordergrund eine Tanne steht. „Hellbraun war der Grund, in einem Tal sammelte sich etwas Blau des Himmels, und der dunkelbraune Stamm einer Tanne strebte rechts hoch ins Blau." (S. 51) Mehrfach wird hervorgehoben, dass sich der Baum aus dem Dunkeln, aus dem Erdreich, ins Lichte, in den Himmel, hocharbeitet. „Dunkelbraun, fast schwarz, ragte der Stamm, der einmal Tanne werden sollte, aus dem Hellbraun der hügeligen Landschaft. Schon zeigte sich das Blau eines wolkenlosen Tages im Tal. / Kannste den Horizont sehn? / Ja, sagte ich. [...] Gut, sagte sie und sah über mich hinweg, zählte und setzte mit einem blauen Faden wieder an und führte einen dunkelbraunen mit, der sollte weiter in den Himmel wachsen." (S. 96 f.)

Auch diese letzte Formulierung ist offenkundig mit Bedacht gewählt. Sie erinnert an die Redensart, dass jemandes Bäume auch nicht in den Himmel wachsen, dass er sich also in seinen womöglich hochfliegenden Plänen auf ein bescheidenes Mittelmaß zurechtgestutzt sieht. Hier ist das anders. Die Tanne, die Frau Brücker in den Himmel wachsen lässt, steht als ein Trotzdem da. Sie versinnbildlicht den Anspruch, zumindest aber den Wunsch, über sich selbst und über das Mittelmaß hinauszuwachsen. Sie steht für die **Sehnsucht nach geradem, stetigem Wachstum, nach Licht und Klarheit**.

Spätestens als Frau Brücker von Bremers Traum erzählt, den er mit achtzehn Jahren in Indien nach dem Genuss von Hühnerfleisch mit Curry geträumt hat, wird deutlich, dass die Tanne mit Bremer, mit ihrer Liebe zu ihm zu tun hat: „Geschmack aus ner andern Welt. [...] die Nacht, Liebe. Is wie im Traum. Eine Erinnerung, als man mal Pflanze war. Und in der Nacht träumte Bremer tatsächlich, er is n Baum. Ein Baum? Ja. Der Bremer war ja eher, sagen wir mal n nüchterner Mensch. Aber da kam er richtig ins Schwärmen. Sagte, der Wind sei durch ihn durchgegangen, er habe gerauscht, und dabei sei er so durchgekitzelt worden, daß er lachen mußte, bei jedem Windstoß, so kräftig, daß ihm die Arme weh taten. [...] War das einzig Tolle, was der Bremer erlebt hat." (S. 82 f.) Bremers aus dem Geschmack des Currys erwachsenem Traum von einer freieren Existenz, einem gelungenen Leben, gibt Frau Brücker durch das Pullovermotiv Gestalt. Während sie sich in ihrer Erzählung (vermutlich) wahrheitsgemäß an die oft triste Wirklichkeit hält, **verstrickt sie in den Pullover ihre Wünsche und ihre Utopie**.

Die Feldplane

Ein weiteres Dingsymbol, das an entscheidenden Stellen auftaucht, ist Bremers Feldplane. Gleich auf den ersten Seiten, als der Erzähler seine regelmäßigen Besuche bei Frau Brückers Imbissbude erwähnt, gerät sie in den Blick: „Hin und wieder drückte eine Bö den Sprühregen unter das schmale Vordach: eine Feldplane, graugrün gesprenkelt, aber derartig löchrig, daß sie nochmals mit einer Plastikbahn abgedeckt worden war." (S. 7 f.)

Die Feldplane ist hier so genau beschrieben, dass sie bei ihrer nächsten Erwähnung vom Leser gleich wiedererkannt werden kann. Sie wird im April 1945 zum Anlass der Bekanntschaft zwischen Lena Brücker und Bremer vor „*Knopfs Lichtspielhalle* auf der Reeperbahn" (vgl. S. 18 f.). Als Bremer Lena Brücker später nach Hause begleitet, setzt Regen ein und „Bremer entrollte seine Plane, graugrün gesprenkelte Tarnfarbe", die ihnen beiden Schutz bietet (S. 24). Danach liegt die Plane in Lena Brückers Wohnung und wird lange nicht mehr erwähnt, bis Bremer sich ohne ein Wort davonmacht. „Und im Flur lag auf Kante zusammengelegt die Feldplane" (S. 150).

Ihrer **endgültigen Bestimmung** wird die Feldplane Bremers zugeführt, als Lena Brücker sich, nachdem sie ihren Mann vor die Tür gesetzt hat, nach einer Arbeit umsehen muss. Sie übernimmt eine Imbissbude, die sie mithilfe der Feldplane gegen Regen abdichtet (vgl. S. 162 f.). Als eines Tages Bremer vor dem Stand steht und sie nicht gleich erkennt, ist es seine alte Feldplane, die ihm die Augen öffnet: „Der Stand war umlagert von Schwarzmarkthändlern und über den Stand war als Regenschutz eine Feldplane in Tarnfarben gespannt, die Plane, die er bekommen hatte, April 45, um darauf in der Lüneburger Heide zu schlafen und sich vor anrollenden Panzern zu tarnen, die Plane, unter der er mit ihr durch den Regen gegangen war." (S. 184)

An dieser Stelle ist abschließend eigens ausgesprochen, was schon zuvor deutlich geworden ist: Die Feldplane wird durch Bremer und dann vor allem durch Frau Brücker zweckentfremdet und **versinnbildlicht so ihrer beider Wunsch und Fähigkeit, die Absichten der Kriegsherren zu unterlaufen** und die kriegerische Ausrüstung friedlichen Zwecken (Schutz vor den Naturgewalten, Annäherung zwischen Mann und Frau, Ausstattung des Arbeitsplatzes) zuzuführen. Für Bremer gilt das natürlich nur eingeschränkt. Aber immerhin hat er die nahe liegende Idee, die Feldplane vorübergehend als Regenschutz zu verwenden. Lena Brücker greift dann genau diese Idee auf und macht aus ihr eine Dauerlösung.

Ähnlich wie mit der Feldplane verfährt Lena Brücker im Übrigen mit der von Bremer im Tausch gegen den Anzug ihres Mannes zurückgelassenen Uniform: Sie schneidert sie zu einem Kostüm um, das sie als Geschäftsfrau anzieht (vgl. S. 165 f.).

Lena (Saskia Fischer) in Bremers (Torben Krämer) Uniformjacke (Szene aus der Dramenfassung am Ernst Deutsch Theater, 2006).

So stehen Feldplane und Uniform-Kostüm für die durchgehende Tendenz der Novelle, die **Lebenskunst der sogenannten einfachen Leute über die Pläne der Mächtigen triumphieren zu lassen**, die achtlos über das Leben der Machtlosen verfügen und hinweggehen,. Dabei ist die leitmotivische Behandlung des Dingsymbols „Feldplane" durch den Erzähler besonders ausgeprägt: Durch wörtliche Wiederholungen prägt sich das Dingsymbol dem Leser in seinen für die Deutung entscheidenden Eigenschaften ein: Sie wird ihm als ‚die graugrün gesprenkelte Plane, die vor dem Regen Schutz bot', vertraut. In diesen beiden mehrfach genannten Merkmalen sind ihre **ursprüngliche militärische Bestimmung und ihre letztliche friedliche Verwendung** in einer Vorstellung verdichtet.

Das Reiterabzeichen
Das silberne Deutsche Reiterabzeichen ist in der Novelle das wichtigste Verbindungsglied zwischen Lena Brückers Liebesbeziehung mit Hermann Bremer und der Erfindung der Curry-

4 Motive und Dingsymbole / 85

wurst. Bremer selbst bezeichnet es als **Glücksbringer** (vgl. S. 27) und Lena Brücker behält es danach als solches in Erinnerung: „sie mußte an Bremer denken [...], und daß sie alles ja für seinen Glücksbringer [...] bekam" (S. 177 f.).

Das Reiterabzeichen hat Bremer erworben, als er, der 1939 zur Marine eingezogen wird, nach der Grundausbildung zu einer Strandbatterie nach Sylt versetzt wird. Weil der Krieg anderswo stattfindet und weil im Ort ein Reitstall ist, hat er die Muße, die Prüfung für das Reiterabzeichen abzulegen. Dabei kommt ihm zugute, dass sein Vater, ein Tierarzt, zwei Reitpferde besaß und ihm das Dressurreiten beigebracht hat (S. 30 f.).

Als Glücksbringer hat sich das Reiterabzeichen für Bremer insofern erwiesen, als es ihm während des Krieges zu dem vergleichsweise sicheren Posten im Stab des kommandierenden Admirals von Norwegen verholfen hat, wo er die Seekartenkammer in Oslo leitet (S. 17 und 27 f.).

Deutsches Reiterabzeichen

Als Bremer Lena Brücker verlässt, lässt er – etwas überraschend – auch seinen Glücksbringer zurück (vgl. S. 149). Das Reiterabzeichen wird später unverhofft zum **Startkapital für ihren Stehimbiss**. Durch Vermittlung einer Freundin kommt sie mit einem englischen Major ins Geschäft, der „deutsche Orden und Ehrenzeichen" sammelt (S. 168). Das silberne Reiterabzeichen, das in Kriegszeiten natürlich eine größere Rarität ist als militärische Orden, fehlt ihm noch in seiner Kollektion. Er bietet 24 Festmeter Holz, was sehr viel ist, auch wenn Lena Brücker damit zunächst nichts anfangen kann (S. 169). Aber durch einen komplizierten „Ringtausch" erhält sie schließlich, was sie braucht, um ihr Geschäft zu eröffnen (S. 173). Als ihr statt des versprochenen Pflanzenöls jedoch Speck oder als Alternative eine Kilodose Currypulver angeboten wird, da muss sie „an Bremer denken" und „daß sie alles ja für seinen Glücksbringer, dieses silberne Reiterzeichen, bekam", und sagt, „gegen jeden ökonomischen Sinn und Verstand: Ich nehm den Curry." (S. 177 f.)

Was zunächst wie ein sentimentaler Fehler aussieht, erweist sich schnell als der Glücksgriff ihres Lebens. Noch am selben Abend erfindet Lena Brücker die Currywurst (S. 179 f.), auf der anschließend ihr jahrzehntelanger geschäftlicher Erfolg beruht.

Dass sich nicht das Eiserne Kreuz zweiter Klasse und die beiden anderen militärischen Orden, die Bremer neben dem Reiterabzeichen besitzt, für ihn wie für Lena Brücker als Glücksbringer erweisen, sondern eben die **friedliche, sportliche Auszeichnung**, ist für die schon mehrfach angesprochene Tendenz der Novelle ein weiteres Mal charakteristisch.

5 „Die Entdeckung der Currywurst" als Novelle

In dem Werkstattgespräch mit Manfred Durzak, aus dem bereits zitiert wurde, äußert sich Uwe Timm darüber, mit welchem Recht *Die Entdeckung der Currywurst* als Novelle angesehen werden kann: „die Dingsymbolik", heißt es da, „gibt es auch, unauffällig, hoffe ich, und auch den Falken." (DAdW, S. 348)

In der bis heute einflussreichen **Novellentheorie**, die der Schriftsteller **Paul Heyse** – der Ende des 19. Jahrhunderts ein berühmter und viel gelesener Autor war, heute allerdings weithin vergessen ist – 1871 in seiner Einleitung zu dem von ihm herausgegebenen *Deutschen Novellenschatz* formuliert hat, spielt der „Falke" eine besondere Rolle. Heyse bezieht sich auf die Falkennovelle im *Decameron* des italienischen Dichters Boccaccio, einer zwischen 1349 und 1353 entstandenen Sammlung von

Novellen, die den Grundstein zur europäischen Novellendichtung legt. Der **Falke** erscheint dort **als das zentrale Dingsymbol** (Federigo, die Hauptfigur, setzt ihn der von ihm geliebten Dame zum Mahl vor und opfert ihr damit seinen letzten und wertvollsten Besitz), das an entscheidenden Stellen der Novelle auftaucht und die Teile der Geschichte kompositorisch verknüpft.

Hält man sich an diese Funktion, so wird man das Deutsche Reiterabzeichen Bremers als den ‚Falken' in Uwe Timms Novelle bezeichnen können. Von ihm und den anderen Dingsymbolen wie dem Pullover und der Feldplane war im vorhergehenden Abschnitt eingehend die Rede.

Uwe Timm betont selbst die „lange Tradition" der Novelle und fügt hinzu, er könne sich an seine „Studienzeit entsinnen, eigentlich konnte niemand so recht sagen, was denn eine ‚Novelle' sei. Kurz soll sie sein, eine, wie Goethe gesagt hat, unerhörte Begebenheit, Motive soll sie haben, Dingsymbolik, einen Falken und was weiß ich. [...] Mich interessierte zunächst einmal das, was die Gattungsbezeichnung ursprünglich meinte, Novelle im Sinn von einer kleinen Neuigkeit. Also gerade das beiläufig Alltägliche. Die Currywurst ist ja etwas sehr Alltägliches, wie die gesamte Situation, in der sie gegessen wird. Der Stehimbiss. Aber ihre Entdeckung ist eine unerhörte Begebenheit gewesen. Und zwar im doppelten Sinn des Wortes als ‚unglaublich' wie auch als ‚noch nie gehört'." (DAdW, S. 347 f.)

Der Begriff Novelle kommt aus dem Lateinischen, wo das Wort das neue Gesetz, die Gesetzesergänzung bezeichnet. Im Italienischen wird es später allgemeiner im Sinne von „Neuigkeit" gebraucht. Seit der Renaissance wird das Wort auch zur **Bezeichnung kleinerer Erzähltexte** verwendet. Im Laufe der Jahrhunderte haben viele Schriftsteller und Literaturtheoretiker Versuche unternommen, das Wesen der Novelle zu beschreiben. Tatsächlich sind diese Versuche oft recht unterschiedlich ausgefallen. Dennoch gibt es einen **gemeinsamen Nenner von Kriterien**, die immer wieder genannt werden: Anschein historischer Wahrheit, Dramatik der geschilderten Begebenheit, einsträngige Handlung, meist chronologischer Erzählverlauf, konzentrierte, knappe, zügig voranschreitende Darstellung, verallgemeinernde Beschreibung von Menschen und Sitten sowie die Verwendung von Dingsymbolik.

Die Entdeckung der Currywurst erfüllt einige dieser Kriterien, andere hingegen nicht. Uwe Timm erweckt mit seinem Text den **Anschein historischer Wahrheit**, verwendet in auffälliger Weise **Dingsymbolik** und gibt eine **verallgemeinernde Beschreibung von Menschen und Sitten**. Dieser letzte Aspekt bildet, Uwe Timms Poetikvorlesungen zufolge, geradezu den Kern seines Selbstverständnisses als realistischer Erzähler (siehe *Interpretationshilfe,* S. 102 ff.).

Ob die geschilderte Begebenheit dramatisch ist oder wirkt, muss jeder Leser für sich entscheiden. Einen dramatischen Höhepunkt, wie er für die Novelle typisch ist, gibt es jedenfalls kaum. Welches überhaupt die für die Novelle charakteristische „**unerhörte Begebenheit**" ist, von der **Goethe** in seinem Definitionsversuch spricht, ist schwer zu sagen. Uwe Timm erklärt, es sei die Entdeckung der Currywurst. Die Erfindung ereignet sich jedoch so zufällig und vollzieht sich so unspektakulär, dass sich Zweifel einstellen. Man könnte sogar vermuten, dass Uwe Timm mit seiner Schilderung augenzwinkernd und bewusst die Konvention der Gattung unterläuft, nach der die unerhörte Begebenheit meist einen hohen Spannungswert aufweist. Aufgrund solcher traditioneller Erwartungen könnte man eher Lena Brückers Entscheidung, den Soldaten Bremer bei sich zu verstecken, für die unerhörte Begebenheit halten, zumal dieser Teil der Handlung (Bremers Aufenthalt als Deserteur in Lena Brückers Wohnung) eindeutig im Mittelpunkt der Novelle steht.

5 „Die Entdeckung der Currywurst" als Novelle

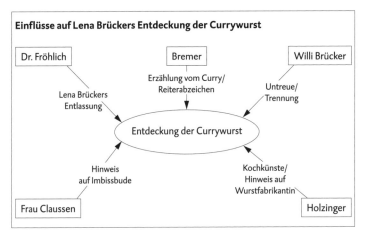

Die Darstellung in der *Entdeckung der Currywurst* lässt sich dagegen nur als konzentriert, knapp und zügig voranschreitend beschreiben, wenn man die Schilderungen des Erzählers mit dem vergleicht, was der Erzähler über Frau Brückers Erzählweise andeutet (vgl. vor allem S. 16). Frau Brücker, so Uwe Timm bei einer Lesung im Deutschen Literaturarchiv in Marbach im Januar 1999, wolle einen Roman erzählen, der Erzähler hingegen wolle nur eine Information und verknappe ihr überbordendes Erzählen zur Novelle. Ähnlich hat sich Uwe Timm bereits im Werkstattgespräch mit Manfred Durzak, unmittelbar nach Abschluss der Novelle, geäußert (DAdW, S. 348): Der Erzähler wolle „nur eine kleine Neuigkeit wissen", Frau Brücker hingegen wolle „Tausendundeine Nacht" (vgl. die Anspielung auf S. 181), was sich auch mit „Erzählen und kein Ende" übersetzen lässt, wie Uwe Timm seine parallel zur Novelle entstandenen Poetikvorlesungen überschrieben hat. In „Tausendundeine Nacht" entgeht Sheherazade dem über sie verhängten Todesurteil, indem sie dem Sultan jede Nacht eine neue fesselnde Geschichte erzählt. Auch die **alte Frau Brücker will erzählend ihr Leben festhalten** und womöglich den nahen Tod auf Distanz halten (solange sie erzählt, spürt sie, dass sie lebt). Der Erzähler kann sie jedoch nicht, wie der Sultan Sheherazade, begnadigen. Er ist auch nicht in gleichem Maße fasziniert. Vielmehr quittiert er ihr **ausuferndes Erzählen** mit zunehmender Ungeduld. Mit diesen gegenläufigen Interessen hat Uwe Timm nach eigener Aussage gespielt. Auf der Ebene der Form spiegele sich dieser Konflikt im **Gegensatz zwischen romanhaftem und novellistischem Erzählen**.

Aus diesem Grund kann die *Entdeckung der Currywurst* keine prototypische Novelle sein. Sie ist eine Mischform von Novelle und Roman und bedient sich beider Gattungen in **parodistischer Absicht**.

6 Interpretation von Schlüsselstellen

Die Rangelei zwischen Bremer und Lena Brücker (S. 129–132)

In dieser Szene kommt zum **Ausbruch, was sich zuvor über längere Zeit in Bremer angestaut hat:** seine Ungewissheit über die Lage draußen und damit über seine persönliche Gefährdung, seine Frustration über seinen eingeschränkten Bewegungsspielraum, seine Langeweile und seine Ungeduld, wieder in sein normales Leben zurückzukehren.

Am 19. Mai („Genau siebzehn Tage nach der Kapitulation", S. 129, vgl. S. 87) wird Lena Brücker, als sie nach einem langen Arbeitstag nach Hause kommt, von Bremer nicht einmal mehr begrüßt. Er fragt gleich nach einer Zeitung, worauf sie unwirsch reagiert. Sie ist mit ihren Gedanken noch bei einem Vorfall, der sich zugetragen hat, als sie ihre Arbeitsstelle verlassen hat. Fast wäre sie dabei erwischt worden, wie sie für Bremer Essen aus der Kantine geschmuggelt hat. Dass sie nicht mit Bremer über diesen Zwischenfall spricht, zeigt, dass die Kommunikation zwischen beiden mittlerweile gestört ist. Lena Brücker setzt voraus, dass er sich ohnehin nur noch für seinen inzwischen fast zur fixen Idee gewordenen Wunsch interessiert, selbst eine aktuelle Zeitung in den Händen zu halten. Und tatsächlich lässt er nicht locker und möchte endlich wissen, warum sie ihm nicht wenigstens ein Radio ausleihen kann. **Erstmals spricht er seinen Verdacht aus**, dass sie im Grunde gar nicht wolle, dass er erfahre, was draußen vor sich geht. Es kommt zu einem Schlagabtausch von kurzen Reden und Gegenreden. Bremer ereifert sich und beginnt zu schreien. Es gehe um sein Leben! Sie, die es besser weiß und die seit etwa zwei Wochen täglich mit Mitgliedern der englischen Besatzungstruppen umgeht, antwortet nur: „Ja, O. K." (S. 130) Dieser ungewohnte, nachlässige Ausdruck bringt Bremer völlig aus der Fassung. Lena Brücker empfindet Mitleid, was auch bedeutet: Sie nimmt ihn nicht ganz ernst (vgl. auch S. 91 und 117). Er erscheint ihr als „ein trotziges Kind" (S. 130). Tatsächlich ist sie mit ihm wie mit einem Kind verfahren: Sie hat ihm weniger gesagt, als sie wusste. Dadurch hat sie ihn sozusagen – unter Ausnutzung von Bremers besonderer Situation und aus Angst, ihn zu schnell wieder zu verlieren – **in Unmündigkeit gehalten**. Sie ist also, auch wenn sie es nicht darauf angelegt hat, selbst die Urheberin des Zustands, der ihn nun in ihren Augen als nicht mehr ganz ernst zu nehmend erscheinen lässt. Bremer scheint das zu spüren. Das lässig hingeworfene „O. K." bringt bei ihm das Fass zum Überlaufen. Lena Brücker möchte ihren Fehler korrigieren und macht, wie es oft in solchen Situationen geschieht, „genau das Falsche, sie sagte die Wahrheit. Sie sagte: Es ist gar nicht so schlimm, wie du denkst." (S. 130) Hier zeigt sich die oft zu beobachtende **Tendenz des Erzählers, seine Heldin** gerade dann **in Schutz zu nehmen**, wenn sie sich falsch verhält. Dass ihre Bemerkung Bremer aufs Äußerste treffen muss, ist klar. Lena Brückers Äußerung ist ihm gegenüber gedanken- und taktlos, auch wenn es natürlich nicht in ihrer Absicht liegt, ihn zu kränken.

Bremer jedenfalls fängt auf diese vermeintliche Provokation hin ohne Rücksicht auf die Nachbarn (und damit auf seine und Lena Brückers Sicherheit) zu brüllen an, „macht reinen Tisch" (wobei ihn Uwe Timm die Redensart buchstäblich umsetzen lässt), läuft zur Tür und schlägt gegen die Klinke. Erst durch diesen **Ausbruchsversuch** wird Lena Brücker klar, dass sie ihn bei sich wie einen Gefangenen hält, da sie, wenn sie nach Hause kommt, die Tür nicht nur hinter sich abschließt, sondern auch den Schlüssel abzieht. Lena Brücker eilt hinzu und umfängt ihn von hinten mit ihren Armen, um ihn von weiteren unbedachten Handlungen abzuhalten und zu besänftigen. Sie ringen miteinander. Diese **gewaltsame, verzweifelte Umklammerung** symbolisiert, was aus ihren Liebesumarmungen geworden und wie weit es mit ihnen gekommen ist. Sie fallen und wälzen sich am Boden, wobei Bremer sich im Gesicht verletzt. Die Verletzung lässt ihn wieder zu sich kommen, „da ließ sie ihn los, und aus seinem Mund kam ein Aufseufzen, ein langsam leiser werdendes Keuchen" (S. 131). Diese Beschreibung deutet darauf hin, dass die Gesichtsverletzung Bremers hier an die Stelle des Orgasmus, des Höhepunkts der innigen Vereinigung zweier Liebender, tritt. Trifft diese Deutung zu, so verweist diese Stelle besonders eindringlich darauf, **wie gestört die Beziehung zwischen Lena Brücker und Bremer mittlerweile ist**. Erst jetzt, als sich Bremer in der nachlassenden Erregung des „irrsinnigen Schmerz[es]" (S. 131) bewusst wird, teilt der Erzähler mit, dass Bremer sich zuvor schon an der Klinke heftig wehgetan hat. Diese verspätete Information ist Teil der erzähltechnischen Gestaltung der Szene, die darauf angelegt ist, dass der Leser die Erregung der handelnden Figuren nachempfindet. Ein weiteres Mittel, um diese Wirkung zu erzielen, ist die Schilderung des Ringkampfes von Lena Brücker und Bremer, dieses pervertierten Liebesakts, in einem einzigen langen Satz, ohne Atempause auch für den Leser.

Bremer, erschöpft, verletzt und gedemütigt, weil er von der Frau überwunden worden ist, murmelt eine kleinlaute Entschuldigung. Lena Brücker hingegen registriert betroffen, dass aus dem Spiel nun „blutiger Ernst" (S. 131) geworden ist, dass eine Stufe der **Eskalation** erreicht ist, von der aus es ihr mehr als je unmöglich erscheint, auf eine für sie und Bremer schonende Weise wieder zur Wahrheit zurückzukehren.

Etwas ratlos liegen sie am Ende wieder in der Küche nebeneinander auf den Matratzen, auf denen sie sich geliebt haben. Zum ersten Mal schlafen sie nicht miteinander. Sie **finden** nach dem gewaltsamen Ausbruch **nur halb wieder zueinander zurück**. Beide liegen wach und tun doch so, als ob sie schliefen. Die Ruhe, die sich nach dem Sturm einstellt, ist eine beklommene Ruhe.

Bremer (Alexander Khuon) und Lena (Barbara Sukowa) entfremden sich (Szene aus der Verfilmung von Ulla Wagner, 2008).

Die Wiedergewinnung des Geschmackssinns (S. 183–185)

Die Episode, die fast am Ende der Novelle steht, kann als **Epilog zur zweiten Erzählebene**, zur Geschichte der Beziehung zwischen Lena Brücker und Bremer und zur Erfindung der Currywurst, angesehen werden – als abschließende Auskunft über das weitere Schicksal der Hauptpersonen. In ähnlicher Weise bilden die beiden letzten Seiten der Novelle, in denen der Erzähler vom Tod der alten Frau Brücker erfährt, den Epilog zur ersten Erzählebene.

Wie viel Zeit seit den gemeinsam verbrachten Tagen verstrichen ist, als sich Lena Brücker und Bremer bei der hier erzählten Gelegenheit ein letztes Mal sehen, bleibt ungewiss. Die Zeitangabe „eines Tages" ist von fast märchenartiger Unbestimmtheit. Nach dem einleitenden Satz wird im Rückblick mitgeteilt, wie Bremer, auf einer Geschäftsreise nach Hamburg gekommen, zunächst das Haus in der Brüderstraße aufgesucht hat, in dem er sich seinerzeit versteckt gehalten hatte. Der Leser erfährt auch, was Bremer denkt, als er vor dem Haus steht. Konnte er es damals zuletzt kaum mehr erwarten, wieder in sein normales Leben zurückzukehren, so denkt er jetzt mit einer gewissen Wehmut und Sehnsucht an diese Zeit. Wie der Erzähler dazu kommt, diese Gedanken Bremers zu kennen, wie er überhaupt erfahren haben will, dass Bremer in der Brüderstraße war, bleibt, wie schon an zahlreichen vergleichbaren Stellen zuvor, sein Geheimnis. Aus dem Text der Novelle heraus sind diese **Übergänge von der gewöhnlichen begrenzten Perspektive des Erzählers zur Allwissenheit des auktorialen Erzählers** nicht plausibel zu begründen.

Bremer erkennt Lena Brücker nicht gleich (erst als er die von ihm zurückgelassene Feldplane bemerkt, die sie als Regenschutz über den Stand gespannt hat, ist er sich sicher), sie ihn jedoch sofort (er trägt zudem als äußerliches Erkennungsmerkmal den Anzug ihres Mannes, den er seinerzeit im Tausch gegen seine Uniform mitgenommen hat). Dies kann als **Zeichen** dafür interpretiert werden, dass **ihre Liebe zu ihm immer stärker gewesen** ist als seine Zuneigung zu ihr. Auch spricht dieser Umstand dafür, dass Bremer jene Episode seines Lebens zumindest in der ersten Zeit eher als unbehagliche Erinnerung betrachtet und möglichst verdrängt hat, während Lena Brücker eine intensive Erinnerung an diesen Lebensabschnitt bewahrt hat, den sie noch als alte Frau – trotz aller Spannungen – als die schönste Zeit bezeichnet.

Bremer bestellt eine Currywurst, die Lena Brücker mit zitternden Händen zubereitet. Dabei mustert sie ihn, wie aus den folgenden Sätzen hervorgeht, die deutlich aus ihrer Perspektive erzählt sind. Dann aber schaltet sich offenkundig wieder der allwissende Erzähler ein, denn dass Bremer seinen Hut eingetauscht hat, dass er Vertreter für Fensterkitt ist, kann Lena Brücker nicht wissen, während der Erzähler das dem Leser bereits zu Beginn des Epilogs mitgeteilt hat, sodass er jetzt

Barbara Sukowa als Lena Brücker in Ulla Wagners Verfilmung (2008)

auf diese Information zurückkommen kann. Danach gleitet die Erzählung wieder für einen Satz hinüber in Lena Brückers Perspektive. Sie findet Bremer „überhaupt nicht verändert" (S. 184), was wiederum für ihren liebevoll voreingenommenen Blick spricht. Bremer hingegen fällt, gegen Ende der Szene, die „graue Haarsträhne" (S. 185) auf, die sie sich mit dem Oberarm aus der Stirn streicht. Er ist jedoch von der Wiederbegegnung mit Lena

Brücker so ergriffen, dass diese Haarsträhne auf ihn nicht störend wirkt, sondern Lena Brückers Haar im Gegenteil „sogar schöner" abzustufen scheint.

Bremers Glücksgefühl rührt jedoch auch daher, dass er, beim Genuss der ersten Currywurst seines Lebens, seinen Geschmackssinn zurückerlangt, den er seinerzeit, während er sich bei Lena Brücker versteckt hielt, eingebüßt hatte. Auf „seiner Zunge öffnete sich", wie es heißt, „ein paradiesischer Garten." (S. 185) Die **märchenhafte Zurückgewinnung** des Geschmackssinns deutet sich bereits an, als die Currymischung in die Pfanne gegeben wird und als „ein ferner Duft" (S. 184) in Bremers Nase steigt. Der ferne Duft und der paradiesische Garten spielen natürlich auf Bremers Erlebnis als sehr junger Mann in Indien an, wo er zum ersten Mal in seinem Leben Curry gegessen hatte und dadurch in den intensivsten Glückszustand seines Lebens versetzt worden war, wie er Lena Brücker einmal erzählt hat (S. 82 f.). Ohne diese Erzählung Bremers hätte Lena Brücker die Currywurst nicht erfunden, wie der Leser der Novelle weiß. So schließt sich der Kreis. Bremer, der mit seinem Leben nicht zufrieden ist, empfindet erneut ein solches Glücksgefühl, hat plötzlich ein so „strahlendes Gesicht" (S. 185), dass Lena Brücker beinahe den Mut fasst, ihm zu verstehen zu geben, dass sie ihn erkannt hat. Dazu kommt es aber doch nicht. Das entspricht der Einsicht, dass nur die Ausnahmesituation des zu Ende gehenden Weltkrieges die beiden auf kurze Zeit hat zusammenführen können. Wenn Lena Brücker damals überhaupt gegenüber Bremer schuldig geworden ist (sie war aus Liebe unaufrichtig ihm gegenüber, aber sie hat ihm wohl auch das Leben gerettet), so ist diese **Schuld nun getilgt:** Symbolisch dafür steht der **zurückgewonnene Geschmackssinn Bremers**. Zudem hat der Erzähler bereits zu Beginn des Epilogs mitgeteilt, dass Bremer mittlerweile denkt, „schön wäre es, wenn er noch immer da oben [in Lena Brückers Wohnung] säße." (S. 183)

Mit dem letzten Blick, den Bremer auf Lena Brücker wirft, nimmt er wahr, wie sie mit ihrer Kelle die Currysoße über die Wurstscheiben gießt: eine „tagtäglich wiederholte, […] elegante kurze Bewegung, leicht und mühelos" (S. 185). So behält Bremer sie wohl in Erinnerung und so hat sie auch der Erzähler, der sich zuletzt noch einmal persönlich zu Wort meldet, in Erinnerung. Das kann als Hinweis des Erzählers darauf gelesen werden, dass viele der Gedanken und Gefühle, die in der Novelle Bremer zugeschrieben werden, eigentlich Gedanken und Gefühle des Erzählers sind.

Die elegante und leichte Bewegung, die dem Erzähler ins Auge gefallen ist, zeigt Lena Brücker in einem Schlussbild so, wie er sie sehen und dem Leser sichtbar machen möchte: Hier ist sie ganz bei sich, **wie sie arbeitend, auf sich gestellt, schnörkellos und zugleich erfindungsreich das Leben meistert.**

Zur Wirkungsgeschichte der Novelle

Die Entdeckung der Currywurst erschien im Herbst 1993 beim Verlag Kiepenheuer & Witsch. Fast zeitgleich kamen die im Winter zuvor in Paderborn gehaltenen Poetikvorlesungen unter dem Titel *Erzählen und keine Ende* heraus. Beide Neuerscheinungen sind oft gemeinsam rezensiert worden.

Fast 70 Rezensionen zur *Entdeckung der Currywurst* verzeichnet die Bibliografie im Band *Die Archäologie der Wünsche. Studien zum Werk von Uwe Timm* (1995). Die meisten **Rezensenten** kommen zu einem **positiven Urteil**. In der *Neuen Zürcher Zeitung* bezeichnete Gerda Wurzenberger die Novelle als „ein gelungenes, würziges und mit großer Sorgfalt erzähltes Stück Prosa von menschlichem Glück und Leid" (29. 10. 93). Sven Siedenberg befand in der *Stuttgarter Zeitung,* der Autor sprühe „vor Erzähllust" und „immer wieder macht sich ein schnoddriger Humor bemerkbar". „Alles scheint erfunden, und das heißt: Nichts ist unmöglich. Schon gar nicht eine fiktive Geschichte über den Wahrheitsgehalt des Erfundenen." (3. 12. 93)

Steffen Damm wies im *Tagesspiegel* darauf hin, dass Uwe Timms Behauptung, die Currywurst sei eine Hamburger Erfindung, für den Berliner recht kränkend sei, denn die Currywurst sei natürlich in Berlin, und „zwar, um genau zu sein, von Herta Heuwer (Madame Curry), einer Budenbesitzerin vom Stuttgarter Platz, am 4. September 1949 (Thomas Platt: ‚Der geheime Berlin-Verführer', Seite 86)" erfunden worden (20. 03. 94). In der *Rheinischen Post* urteilte Peter Jokostra, die Novelle sei „eine lebensnahe Chronik der letzten Kriegswochen und der Zeit unmittelbar danach" (30. 10. 93).

Gerade diese Authentizität der Novelle bestritt Hajo Steinert in der *Zeit*. Steinert besprach die Novelle gemeinsam mit Neuerscheinungen von Bernd Schröder und Michael Köhlmeier und kam zum Schluss, „die deutsche Nachkriegsliteratur" entstehe offenbar „immer wieder neu", jedoch „selten so feierlich, heimelig und nostalgisch wie in diesem Jahr. [...] Bisweilen erwecken Heinrich Bölls Erben [...] den Eindruck, als wären sie, erst in den vierziger Jahren geboren, von Anfang an dabei gewesen im Krieg. So allwissend erzählen sie, so genau kennen sie die Gefühle ihrer Figuren. Figuren? Helden sind sie allesamt." Was Uwe Timms Gewährsfrau, die alte Frau Brücker, angehe, so werde man als Leser „den Eindruck nicht los, daß sie nur eine historische Alibifigur abgibt, eine Manöverfigur, die suggerieren soll, daß nicht der Erzähler, das Spiegelbild des Autors, für den nostalgisch verklärenden Gestus des Textes zuständig ist, sondern sie." (12.11.93) *Die Zeit* ließ aber in der gleichen Ausgabe noch einen weiteren Rezensenten, Fritz Gesing, zu Wort kommen, der ein positives Urteil fällte. Während Steinerts Artikel „Falscher Hase" überschrieben war, befand Gesing unter der Überschrift „Gewürzte Wurst": „Uwe Timm erzählt seine Novelle anschaulich und konkret, mit viel Sympathie für seine Figuren, ohne formale und sprachliche Manierismen. Ihm geht es um das Alltägliche in einer wenig alltäglichen Zeit und das ‚Unerhörte' im Gewand des (scheinbar) Banalen: privates Glück im kollektiven Unglück. Im Vordergrund steht neben der wehmütigen Liebesgeschichte, auch dies typisch für die Zeit um 1945, die Welt des (oralen) Genusses: das Organisieren von Lebensmitteln, Zubereiten und Kochen, schließlich das Abschmecken und Essen."

Die *Entdeckung der Currywurst* war auch **bei den Lesern ein großer Erfolg**. 2000 erschien eine Taschenbuchausgabe beim Deutschen Taschenbuch Verlag in München erschienen, von der 2008 bereits die 13. Auflage auf dem Markt war.

Mittlerweile wurde die Novelle auch **für Theater und Film adaptiert**. Im Jahr 2006 brachte das Ernst Deutsch Theater in Hamburg eine Dramenfassung auf die Bühne, Regie führte Johannes Kaetzler. Und Ulla Wagner verfilmte den Stoff 2008 fürs Kino, wobei sie allerdings aus dramaturgischen Gründen auf die erste Erzählebene verzichtete. Die Hauptrollen spielten Barbara Sukowa und Alexander Khuon.

Uwe Timms Konzept eines realistischen Erzählens

Immer wieder ist von der Literaturkritik Uwe Timms Fähigkeit hervorgehoben worden, den Figuren seiner Bücher **glaubwürdige, authentisch wirkende Stimmen** zu verleihen. In der zweiten der Poetikvorlesungen, die Timm im Winter 1992/93 an der Universität Paderborn hielt und 1993 unter dem Titel *Erzählen und kein Ende* auch als Buch veröffentlichte, sagt er dazu:

> *Gesprochene Sprache hat noch jene Lebendigkeit, die eine individuelle Ausformung und Neuschöpfung ermöglicht. Literatur, die nicht zu sprachlichem Gips erstarren will, wird dem Volk aufs Maul schauen, nicht nur aus chronistischen Gründen, sondern weil die Alltagssprache in kreativer Weise Sprache erweitert und verändert. (EukE, S. 49)*

Uwe Timm möchte mit seiner Literatur **nah an der Wirklichkeit** sein und am wirklichsten erscheint ihm die Wirklichkeit im unteren Spektrum der gesellschaftlichen Hierarchie. Das erklärt seine **Vorliebe für umgangssprachliche Wendungen und für dialektgefärbtes Sprechen**. In der *Entdeckung der Currywurst* verleiht der Erzähler nicht nur seiner Haupt- und Lieblingsfigur Lena Brücker eine umgangssprachlich-originelle Stimme, die ihre resolute Art gut zur Geltung bringt. Der Erzähler stellt darüber hinaus unter Beweis, dass er sich selbst **in die sprachliche Welt der Figuren, denen seine Sympathie gilt, einfühlen kann**. Das zeigen Passagen wie die folgende, in der Erzählerbericht und Figurenrede stilistisch nahtlos ineinander übergehen:

> *Am nächsten Morgen, einem naßkalten Dezembertag, grau in grau, kamen die ersten Kunden an die neueröffnete Imbißbude von Frau Brücker, zuerst die Nutten aus dem Billigpuff der Brahmsstraße, übernächtigt, geschafft, fix und fertig. [...] Sie hatten einen verdammt faden Geschmack im Mund und wollten jetzt etwas Warmes, auch wenn es happig teuer war, ne*

> *echte Tasse Bohne und ne Bockwurst oder ne Bratwurst, was es eben gab. Aber heute [...] gab es nur verschrumpelte Bratwürste. Sahn aus wie n Witz. Die wurden auch noch kleingeschnitten, überschmiert mit so ner gräßlichen roten Soße, nein, einem rotbraunen Brei. Scheußlich, sagte Moni, aber dann, nach dem ersten Bissen, ein Schmecken, daß sie sich wieder spürte. Mann inner Tonne, sagte Moni. Das Grau hellte sich auf. Die Morgenkälte wurde erträglich. Es wurde ihr richtig warm, die lastende Stille laut, ja, sagte Lisa, det macht Musike, jenau. Lisa, die seit drei Monaten in Hamburg arbeitete, sagte: Det isset, wat da Mensch braucht, det is eenfach schaaf. (S. 182)*

Es ist bezeichnend, dass in dieser Textstelle **die Sinne besonders einbezogen** werden: Das Schmecken, das Schauen, das Hören im Lautwerden der Stille, die Müdigkeit, das Frieren, das Wohlgefühl, das sich im Körper ausbreitet, die Wahrnehmung, wie die Morgendämmerung weicht, Lisas Assoziation zur Musik schließlich sorgen für eine intensive sinnliche, fast körperliche Erfahrung. An dieser Passage wird deutlich, was Uwe Timm meint, wenn er in seiner ersten Paderborner Poetikvorlesung sagt:

> *Ein wesentlicher Unterschied zum alltäglichen Sprechen, zum alltäglichen Erzählen liegt beim literarischen Erzählen darin, daß sein Interesse sich gerade auf die wenig beachteten, ich will sagen, gesellschaftlich unbewußten Verhaltensmuster konzentriert. Zuleich werden diese Verhaltensmuster durch die Literatur immer wieder erweitert. Literatur liefert neue Wahrnehmungsmodelle für ein anderes Sehen, Hören, Riechen, Fühlen und auch Denken. (EukE, S. 18)*

Man kann demzufolge zusammenfassend festhalten, dass es Uwe Timm als Schriftsteller darum geht, die Leser für eine genauere Wahrnehmung alltäglicher Verhaltensmuster zu sensibilisieren, um **den Blick für gesellschaftliche (Macht-)Verhältnisse zu schärfen**, die ihre Spuren im Alltag hinterlassen. Er geht dabei von den sinnlichen Eindrücken als den unmittelbarsten Erfahrungen der Menschen sowie von der gesprochenen Sprache aus, weil in ihr die Gefühle in der Regel unverstellt zum Ausdruck kommen.

Um **unbewusste Verhaltensmuster ins Bewusstsein zu heben** und um Wahrnehmungsmuster zu erweitern, genügt es allerdings nicht, genau zu beobachten und authentisch zu erzählen. Es bedarf vielmehr eines **Autors, der seine Eindrücke ordnet und sich eine Meinung dazu bildet**. Uwe Timm selbst spricht in seiner dritten Poetikvorlesung von „Situationen", die „aus Detailbeschreibungen" aufgebaut seien, „aber eben so, daß diese Situationen über sich hinausweisen, also das sind, was ich *sprechende Situationen* nenne, um sie nicht mit dem gewichtigen Wort ‚Symbol' zu belasten." (EukE, S. 69) In dem „eben so" liegt die Zutat des Autors, hier macht sich seine ordnende Hand bemerkbar, die eben nicht irgendwelche genau beobachteten Situationen hernimmt, sondern gerade die auswählt (bzw. realitätsnah erfindet), die ihm *sprechend* zu sein scheinen, das heißt, die ihm ins Konzept passen. Im Abschnitt über Motive und Dingsymbole ist deutlich geworden, wie sehr die Novelle auf solche **sprechenden Situationen** hin angelegt ist. Natürlich sind diese letztlich nichts anderes als literarische Symbole. Uwe Timm meidet jedoch diesen Begriff, der das Kompositorische des literarischen Werks hervorhebt.

Das Problem bei Uwe Timms Selbstverständnis als realistischer Schriftsteller liegt darin, dass er seine eigene ideologische (weltanschauliche) Position nur ungenügend hinterfragt. Zwar hat er sich im Laufe seiner Schriftstellerkarriere von dem ursprünglichen Glauben, mit seinen Romanen auf unterhaltsame Weise aufklärerisch wirken und damit das Bewusstsein der Leser und letztlich die Gesellschaft ändern zu können, distanziert. Seine Poetikvorlesungen zeigen aber, dass sein Schreiben unverändert in einem **festen und relativ einfachen Weltbild** gründet:

Die Logik des Kapitals domestiziert die Wirklichkeit, und diese Logik wird von der Gewinn-Maximierung, d.h. vom Profit bestimmt. [...] Mich interessieren darum besonders die Desperados, die moralischen, die ästhetischen, die ökonomischen. Die Desperados sind, Sie wissen es, die Hoffnungslosen, die Verzweifelten, die Einzelgänger, die allein für sich, abseits von Konventionen und herkömmlichen Moralbegriffen, ihren Weg suchen. [...] Diese Haltung ist jenem kritischen, subversiven Erzählen im Alltag vergleichbar, das sich mit dem Lauf der Dinge nicht einverstanden erklärt, und daraus mag dann auch so etwas wie Widerstand erwachsen. (EukE, S. 110)

Diese Haltung mag man richtig finden oder nicht. Als persönliche Überzeugung Uwe Timms ist sie nicht zu kritisieren. Problematisch als Voraussetzung für literarisches Erzählen ist sie aber insofern, als hier von vornherein die Rollen klar verteilt sind. Die vom Geld beherrschte Welt ist immer verwerflich, die von einer so funktionierenden Gesellschaft Benachteiligten verdienen immer das Mitgefühl und die gegen die verwerfliche Welt Widerstand leistenden Helden der Erzählung die Achtung und Bewunderung der Leser. Der Autor beziehungsweise der Erzähler, der seine Sympathie für diese Helden nicht verhehlt, ist schon deswegen auch immer eine positive Figur. Die Welt teilt sich auf sehr voraussehbare Weise in Böse und Gut, in Schwarz und Weiß. So kommt es, dass die Figuren in Uwe Timms Romanen trotz aller sprachlichen Charakterisierungskunst oft als Abziehbilder ideologischer Prämissen und gesellschaftlicher Klischees erscheinen. Diese typisierende Einteilung des Figurenpersonals in positive und negative Charaktere macht sich auch in der Novelle *Die Entdeckung der Currywurst* deutlich bemerkbar (siehe *Interpretationshilfe*, S. 43 ff.).

Was die **historische Richtigkeit** der von Uwe Timm mitgeteilten Geschichte der *Entdeckung der Currywurst* angeht, so liefert die vierte Poetikvorlesung wichtige Hinweise. Realistisches Erzählen setzt Uwe Timm nicht mit dokumentarischer Treue zu den geschichtlich überlieferten Fakten gleich. Vielmehr geht es ihm in seinen Büchern darum, Geschichten zu erzählen, „die nicht versuch[en], uns weiszumachen: So ist es gewesen, sondern: So könnte es gewesen sein. Das ist der **wunderbare Konjunktiv**. Wunderbar, weil er uns die Freiheit gibt, eine andere Wirklichkeit zu schaffen." (EukE, S. 126)

Auch bei seiner Behandlung geschichtlicher Stoffe bekennt sich Uwe Timm zu einem „**kritischen, subversiven Erzählen** […], das sich mit dem Lauf der Dinge nicht einverstanden erklärt" und das er mit der Haltung seiner Helden vergleicht (EukE, S. 110). Er möchte der ‚offiziellen' Geschichtsschreibung, die er offenbar im Bündnis mit den Machtinteressen der Herrschenden sieht, eine andere geschichtliche Überlieferung entgegensetzen, die die Ohnmacht, den Mut und den Widerstand der ‚Opfer der Geschichte' in den Blick nimmt. Sein Realismusbegriff zielt nicht auf historische Genauigkeit, sondern auf die innere Möglichkeit, dass ein Geschehen auch so hätte verlaufen können, ohne dass die Gesetze der Natur und der Wahrscheinlichkeit missachtet sind.

Uwe Timm sagt: „Sie merken, mich interessiert nicht der Wahrheitsgehalt nach dem Modell: richtig oder falsch, sondern mich interessiert die darin verborgene geschichtlich-gesellschaftliche Wahrheit." (EukE, S. 142) Ob Uwe Timms **Voreingenommenheit zugunsten der von ihm ausgemachten ‚Opfer der Geschichte'** eine günstige Voraussetzung für das Auffinden dieser verborgenen geschichtlich-gesellschaftlichen Wahrheit darstellt, bleibt indessen fraglich. Der Eindruck ist nicht ganz von der Hand zu weisen, dass der Autor auf solche Weise immer nur die ‚Wahrheiten' entdeckt, von denen er ohnehin seit jeher überzeugt ist. Für den Leser hat das den Nachteil, dass er von vornherein zwar nicht den Verlauf, aber doch die Tendenz einer von Uwe Timm erzählten Geschichte kennt.

Worterklärungen

Albion: Ältere Bezeichnung für Großbritannien, England.

Ambrosia: In der griech. Mythologie Speise der Götter, der sie ihre Unsterblichkeit verdanken.

Amnestie: Straferlass oder Strafmilderung, besonders für politische Vergehen.

Aphrodisiaka: Mittel zur Anregung des Geschlechtstriebs.

Aquavit: Mit Kümmel gewürzter, farbloser Branntwein; lat. aqua vitae „Lebenswasser".

Barett: Flache, randlose, kappenartige Kopfbedeckung.

Barkasse: Kleines Dampfboot, Hafenverkehrsboot; auch Beiboot von Kriegsschiffen.

Blockwart: Spitzel, Denunziant in der Nachbarschaft. Begriff aus der NS-Zeit, eigentlich Blockleiter; Angehöriger der untersten Ebene der NSDAP-Hierarchie. Überwachte die Bewohner des ihm zugeteilten Häuserblocks und meldete gegen den NS-Staat gerichtete Äußerungen und Taten.

Bollerwagen: Norddt. für Handwagen.

Brackwasser: Mischung von Süß- und Salzwasser; v. a. in Flussmündungen.

Breeches: Kurze, an Gesäß und Hüften weite, an den Schenkeln eng anliegende Reithose; Teil der NSDAP-Uniform.

BRT: Abkürzung für Bruttoregistertonnen; Raummaß für Schiffe.

Defätismus: Hoffnungslosigkeit und Resignation; Schwarzseherei.

Demijohn: Bauchige Korbflasche.

Deserteur: Fahnenflüchtiger Soldat, Überläufer.

Ethnologe: Wissenschaftler auf dem Gebiet der Völkerkunde.

Ewer: Norddt. für kleines Küsten(segel)-schiff.

Fehfell: Winterpelz des sibirischen Eichhörnchens.

Fieseler Storch: 1936 in Deutschland entwickeltes Flugzeug, das nur sehr kurze Start- und Landebahnen benötigte.

Flak: Kurzwort für Flugzeugabwehrkanone.

fraternisieren: Sich verbrüdern; von lat. frater „Bruder".

Gamaschen: Über Strumpf und Schuh getragene (knöpfbare) Beinbekleidung aus Leder oder Stoff, die durch einen Steg unter der Schuhsohle gehalten wird; oft Bestandteil von Uniformen.

Intendanturrat: Mitglied der Wirtschaftsverwaltungsbehörde eines Heeres.

Karabiner: Gewehr mit kurzem Lauf und geringer Schussweite.

katasteramtlich: Katasteramt: Behörde, in der das Grundbuch (amtliches Verzeichnis der Grundstücke) geführt wird.

Kaventsmann: von lat. cavere „Beistand leisten", bezeichnet einen Gewährsmann, Bürgen; umgangssprachlich ein wohlhabender, beleibter Mann; ein Prachtstück. In der Seemannssprache wird damit eine besonders hohe Welle bezeichnet.

Kinderlandverschickung: Wegen der Bombenangriffe und Versorgungsprobleme in den Städten wurden während des Zweiten Weltkriegs rund 2,5 Millionen Kinder in ländliche Gebiete evakuiert und in Lagern untergebracht. So wurden sie vor dem Krieg geschützt und waren gleichzeitig ideologischer Beeinflussung ausgesetzt.

Knobelbecher: Umgangssprachlich für einen kurzschaftigen Militärstiefel.

Kommiss: Urspr.: vom Staat gelieferte Ausrüstung und Unterhalt des Soldaten; heute auch: Militär(dienst).

Koppelschnallen: Bestimmte Form des metallenen Gürtelverschlusses, wie er ursprünglich v. a. bei Uniformgürteln vorkam.

Kübelwagen: Geländegängiger, offener Personenwagen mit kübelartigen Sitzen für militärische Zwecke.

Kümo: Kurzwort für Küstenmotorschiff.

Kutteln: Essbare Stücke vom Rindermagen und -darm.

kyrillisch(e Schrift): Alphabet verschiedener slawischer Sprachen.

Lamperie: Mundartlicher Begriff für Lambris, Bezeichnung für eine Holzvertäfelung oder Marmorverkleidung (des unteren Teils) einer Wand. Vor allem in Gaststätten und Speisezimmern.

Landpomeranze: Unbeholfen wirkendes Mädchen vom Land.

Landser: Einfacher Soldat; Kurzform von Landsknecht.

Langschäfter: Lederstiefel mit langem Schaft; hier Teil einer Uniform.

Les Préludes: Gemeint ist Franz Liszts gleichnamige Sinfonische Dichtung. Eine Passage daraus, die auch als „Russland-Fanfare" bezeichnet wird, wurde ab 1941 im Radio vor den Erfolgsmeldungen zum Krieg gegen die Sowjetunion gespielt.

Levade: Figur der hohen Schule des Reitens, bei der sich das Pferd auf den Hinterbeinen aufrichtet.

Liberty-Schiff: Bezeichnung für Frachter, die während des Zweiten Weltkriegs in den USA im Rahmen eines immensen Schiffsbauprogramms gebaut wurden. Ihr Name geht auf den Umstand zurück, dass sie laut US-Präsident Roosevelt Europa die Freiheit (engl. *liberty*) bringen sollten.

Luftschutzwart: Ab 1935 per Gesetz bestimmte Person, meist als zuverlässig eingestuftes NSDAP-Mitglied. Überwachte bis zum Kriegsausbruch die Teilnahme der Hausbewohner an Luftschutzübungen. Während des Kriegs war er u. a. für die Herrichtung des Luftschutzraums, die Überwachung der Verdunkelungsmaßnahmen und die Sicherstellung von Ruhe und Ordnung im Luftschutzraum während der Luftangriffe zuständig.

Lysol: Ende des 19. Jahrhunderts entwickeltes, ätzend wirkendes Desinfektionsmittel.

Maat: Unteroffizier der Marine.

Marinestutzer: Kurzer, nur bis über die Hüfte reichender Herrenmantel; hier: Teil der Uniform der Marine.

Mennige: Rote Anstrichfarbe aus Bleioxid, um Eisen vor Rost zu schützen.

Mutterkreuz: 1938 unter Hitler eingeführte Auszeichnung für kinderreiche Mütter: in Bronze ab vier, in Silber ab sechs, in Gold ab acht Kindern. Teil der ideologischen Überhöhung der Mutterschaft im Dritten Reich.

muulsch: Maulig, übel gelaunt, unfreundlich.

Narvikschild: Im August 1940 eingeführte Auszeichnung „zur Erinnerung an den heldenmütigen Kampf" für Soldaten, die am Kampf um die norwegische Staat Narvik teilgenommen haben.

obstinat: Starrsinnig, widerspenstig, unbelehrbar.

Pansen: Vormagen, in dem bei Wiederkäuern, z. B. Kühen, der Gärungsprozess stattfindet; oft als Tierfutter verwendet.

Panzerfaust: Im Zweiten Weltkrieg verwendete Handfeuerwaffe der Infanterie zur Bekämpfung von Panzern.

Peekhaken: Lange, hölzerne Stange mit einem Eisenhaken an der Spitze, die z. B. zum Abstoßen oder Festhalten eines Bootes, zum Auffischen von Leinen oder der Fortbewegung von Schiffen in flachen Gewässern dient.

Peloton: Militärische Unterabteilung; v. a. Exekutionskommando.

perfide: Treulos, hinterhältig.

Perrier-Jungs: Abschätzig für Männer, die Perrier, ein französisches Mineralwasser, trinken; Angehörige der Oberschicht.

Pharisäer: Heißer Kaffee mit Rum und geschlagener Sahne.

Plutokrat: Jemand, der aufgrund seines Reichtums politische Macht ausübt.

Reede: Ankerplatz vor einem seichten Hafen; Außenhafen.

Reparationsgut: Waren, die als Wiedergutmachungsleistung vom Verlierer an die Siegermächte eines Kriegs geliefert werden müssen.

Rupfen: Grobes Jutegewebe, v. a. für Wandbespannungen und Säcke.

Scharmützel: Kleines Gefecht oder Handgemenge.

Sozi: Kurzwort für Sozialdemokrat.

Sperrstunde: Polizeistunde; Zeitpunkt, zu dem z. B. Gaststätten abends geschlossen werden müssen.

Strandbatterie: Aus mehreren Geschützen bestehende, kleinste Artillerieeinheit; direkt an der Küste gelegen.

Täschnerin: Handwerkerin, die Ledertaschen herstellt.

Tommy: Spitzname für englische Soldaten.

Tornister: Soldatenrucksack aus Segeltuch oder Fell.

Trampgang: Der „Große Trampgang" ist eine Straße in Hamburg-Neustadt.

Tschako: Früher im Heer und von der Polizei getragene zylinderhelmartige Kopfbedeckung.

V 2: Abkürzung für „Vergeltungswaffe 2", Propagandaname für eine deutsche Fernrakete, die von deutscher Seite als „Wunderwaffe" bezeichnet wurde. Ihre militärische und psychologische Wirkung blieb aber hinter den Erwartungen der NS-Führung zurück.

Varieté: Theater mit bunt wechselndem Programm artistischer, tänzerischer und gesanglicher Darbietungen.

Wamme: Bauchteil von Fellen.

Winterhilfswerk: NS-Organisation, die 1933–1945 im Winter Kleidung, Heizmaterial und Nahrung für Bedürftige beschaffte und so die Folgen von Armut und Arbeitslosigkeit lindern sollte. Sehr präsent war sie durch umfangreiche Haus- und Straßensammlungen.

Wurstsotto: Elektrisches Gerät, mit dem gleichzeitig viele Würstchen erhitzt werden können.

Literaturhinweise

Bücher von Uwe Timm

Die Entdeckung der Currywurst. Novelle.
Köln: Kiepenheuer & Witsch 1993
(als Taschenbuch: München: dtv 2000; nach dieser Ausgabe
wird in der *Interpretationshilfe* zitiert)

Kopfjäger. Bericht aus dem Inneren des Landes. Roman.
Köln: Kiepenheuer & Witsch 1991 (zitiert als: Kj)

Erzählen und kein Ende. Versuche zu einer Ästhetik des Alltags.
Köln: Kiepenheuer & Witsch 1993 (zitiert als: EukE)

Am Beispiel meines Bruders. Köln: Kiepenheuer & Witsch 2003
(zitiert als: ABmB)

Sekundärliteratur zu Uwe Timm

MANFRED DURZAK und HARTMUT STEINECKE, in Zusammenarbeit mit KEITH BULLIVANT (Hrsg.): *Die Archäologie der Wünsche. Studien zum Werk von Uwe Timm.* Köln: Kiepenheuer & Witsch 1995 (zitiert als: DAdW)
Darin besonders: Hartmut Steinecke: Die Entdeckung der Currywurst oder die Madeleine der Alltagsästhetik, S. 217–230; sowie: Manfred Durzak: Die Position des Autors. Ein Werkstattgespräch mit Uwe Timm, S. 311–354

MARTIN HIELSCHER: *Uwe Timm.* München: dtv 2007

HANJO KESTING und AXEL RUCKABERLE: Autoren-Artikel „Uwe Timm" (Stand: 01.04.2004). In: *Kritisches Lexikon zur deutschsprachigen Gegenwartsliteratur* (KLG). München: Edition text + kritik (zitiert als: KLG)

Ihre Meinung ist uns wichtig!

Ihre Anregungen sind uns immer willkommen. Bitte informieren Sie uns mit diesem Schein über Ihre Verbesserungsvorschläge!

Titel-Nr.	Seite	Vorschlag

Bitte hier abtrennen

Lernen · Wissen · Zukunft
STARK

20-V1P

Bitte ausfüllen und im frankierten Umschlag an uns einsenden. Für Fensterkuverts geeignet.

**STARK Verlag
Postfach 1852
85318 Freising**

Zutreffendes bitte ankreuzen! Die Absenderin/der Absender ist:

- Lehrer/in in den Klassenstufen: _____
- Fachbetreuer/in
  Fächer: _____
- Seminarlehrer/in
  Fächer: _____
- Regierungsfachberater/in
  Fächer: _____
- Oberstufenbetreuer/in

- Schulleiter/in
- Referendar/in, Termin 2. Staatsexamen: _____
- Leiter/in Lehrerbibliothek
- Leiter/in Schülerbibliothek
- Sekretariat
- Eltern
- Schüler/in, Klasse: _____
- Sonstiges: _____

Kennen Sie Ihre Kundennummer?
Bitte hier eintragen.

Absender (Bitte in Druckbuchstaben!)

Name/Vorname

Straße/Nr.

PLZ/Ort/Ortsteil

Telefon privat   Geburtsjahr

E-Mail

Schule/Schulstempel (Bitte immer angeben!)

Unterrichtsfächer: (Bei Lehrkräften!)

Bitte hier abtrennen

STARK Interpretationshilfen und Trainingsbände für die Oberstufe

Deutsch Interpretationen

Aehnlich:
Alle sterben, auch die Löffelstöre .... Best.-Nr. 2400621
Andersch:
Sansibar oder der letzte Grund .... Best.-Nr. 2400721
Becker: Bronsteins Kinder .... Best.-Nr. 2400671
Brecht: Der aufhaltsame Aufstieg
des Arturo Ui .... Best.-Nr. 2400281
Brecht: Der kaukasische Kreidekreis ..... Best.-Nr. 2400171
Brecht: Leben des Galilei .... Best.-Nr. 2400011
Brecht:
Mutter Courage und ihre Kinder .... Best.-Nr. 2400521
Brussig:
Am kürzeren Ende der Sonnenallee ...... Best.-Nr. 2400201
Büchner: Dantons Tod .... Best.-Nr. 2400121
Büchner: Der Hessische Landbote .... Best.-Nr. 2400461
Büchner: Lenz .... Best.-Nr. 2400431
Büchner: Leonce und Lena .... Best.-Nr. 2400261
Büchner: Woyzeck .... Best.-Nr. 2400042
Dürrenmatt:
Der Besuch der alten Dame .... Best.-Nr. 2400341
Dürrenmatt: Der Verdacht .... Best.-Nr. 2400571
Dürrenmatt: Die Physiker .... Best.-Nr. 2400651
Eichendorff:
Aus dem Leben eines Taugenichts .... Best.-Nr. 2400071
Eichendorff: Das Marmorbild .... Best.-Nr. 2400081
Fontane: Effi Briest .... Best.-Nr. 2400371
Fontane: Irrungen, Wirrungen .... Best.-Nr. 2400401
Fontane: Frau Jenny Treibel .... Best.-Nr. 2400611
Frisch:
Biedermann und die Brandstifter .... Best.-Nr. 2400531
Frisch: Homo faber .... Best.-Nr. 2400031
Frisch: Andorra .... Best.-Nr. 2400131
Goethe: Faust I .... Best.-Nr. 2400511
Goethe: Iphigenie auf Tauris .... Best.-Nr. 2400361
Goethe: Gedichte (1771–1783) .... Best.-Nr. 2400181
Goethe: Die Leiden des jungen Werther ... Best.-Nr. 2400051
Hauptmann: Die Ratten .... Best.-Nr. 2400411
Hein: Der fremde Freund/Drachenblut ... Best.-Nr. 2400061
E.T.A. Hoffmann: Der Sandmann .... Best.-Nr. 2400351
Hesse: Siddhartha .... Best.-Nr. 2400711
Horváth:
Geschichten aus dem Wiener Wald ...... Best.-Nr. 2400581
Kafka: Der Proceß .... Best.-Nr. 2400481
Kafka: Die Verwandlung/Das Urteil .... Best.-Nr. 2400141
Kehlmann: Die Vermessung der Welt ... Best.-Nr. 2400701
Keller: Romeo und Julia auf dem Dorfe ... Best.-Nr. 2400321
Kerner: Blueprint. Blaupause .... Best.-Nr. 2400391
Kleist: Der zerbrochne Krug .... Best.-Nr. 2400541
Kleist: Die Marquise von O. .... Best.-Nr. 2400471
Kleist: Michael Kohlhaas .... Best.-Nr. 2400111
Kleist: Prinz Friedrich von Homburg .... Best.-Nr. 2400631
Koeppen: Tauben im Gras .... Best.-Nr. 2400641
Lessing: Emilia Galotti .... Best.-Nr. 2400191

Lessing: Nathan der Weise .... Best.-Nr. 2400501
Th. Mann: Der Tod in Venedig .... Best.-Nr. 2400291
Th. Mann: Tonio Kröger/
Mario und der Zauberer .... Best.-Nr. 2400151
Th. Mann: Buddenbrooks .... Best.-Nr. 2400681
Musil: Die Verwirrungen
der Zöglings Törleß .... Best.-Nr. 2400561
Schiller: Don Karlos .... Best.-Nr. 2400162
Schiller: Kabale und Liebe .... Best.-Nr. 2400231
Schiller: Die Räuber .... Best.-Nr. 2400421
Schiller: Maria Stuart .... Best.-Nr. 2400271
Schlink: Der Vorleser .... Best.-Nr. 2400102
Schneider: Schlafes Bruder .... Best.-Nr. 2400021
Schnitzler: Lieutenant Gustl .... Best.-Nr. 2400661
Schnitzler: Traumnovelle .... Best.-Nr. 2400311
Sophokles: Antigone .... Best.-Nr. 2400221
Stamm: Agnes .... Best.-Nr. 2400691
Storm: Der Schimmelreiter .... Best.-Nr. 2400381
Süskind: Das Parfum .... Best.-Nr. 2400091
Timm:
Die Entdeckung der Currywurst .... Best.-Nr. 2400301
Vanderbeke: Das Muschelessen .... Best.-Nr. 2400331
Wolf: Kassandra .... Best.-Nr. 2400601
Wolf: Medea. Stimmen .... Best.-Nr. 2400551
Wedekind: Frühlings Erwachen .... Best.-Nr. 2400491
Zweig: Schachnovelle .... Best.-Nr. 2400441

Deutsch Training

Gedichte analysieren und
interpretieren .... Best.-Nr. 944091
Dramen analysieren u. interpretieren .. Best.-Nr. 944092
Epische Texte analysieren und
interpretieren .... Best.-Nr. 944093
Erörtern und Sachtexte analysieren ..... Best.-Nr. 944094
Abitur-Wissen
Deutsche Literaturgeschichte .... Best.-Nr. 94405
Abitur-Wissen Textinterpretation .... Best.-Nr. 944061
Abitur-Wissen
Erörtern und Sachtexte analysieren ..... Best.-Nr. 944064
Abitur-Wissen
Prüfungswissen Oberstufe .... Best.-Nr. 94400
Kompakt-Wissen Rechtschreibung .... Best.-Nr. 944065

(Bitte blättern Sie um)

Englisch Interpretationen

Albee:
Who's afraid of Virginia Woolf? .... Best.-Nr. 2500101
Atwood: *The Handmaid's Tale* .... Best.-Nr. 2500181
Auster: *Moon Palace* .... Best.-Nr. 2500031
Boyle: *The Tortilla Curtain* .... Best.-Nr. 2500131
Bradbury: *Fahrenheit 451* .... Best.-Nr. 2500141
20th Century English Short Stories .... Best.-Nr. 2500151
Fitzgerald: *The Great Gatsby* .... Best.-Nr. 2500191
Golding: *Lord of the Flies* .... Best.-Nr. 2500051
Hornby: *About a Boy* .... Best.-Nr. 2500201
Ishiguro: *The Remains of the Day* .... Best.-Nr. 2500171
Lee: *To Kill A Mockingbird* .... Best.-Nr. 2500231
Lessing: *The Fifth Child* .... Best.-Nr. 2500071
Lodge: *Changing Places* .... Best.-Nr. 2500091
MacLaverty: *Cal* .... Best.-Nr. 2500161
Priestley: *An Inspector Calls* .... Best.-Nr. 2500081
Russell: *Educating Rita* .... Best.-Nr. 2500061
Salinger: *The Catcher in the Rye* .... Best.-Nr. 2500111
Shakespeare: *Macbeth* .... Best.-Nr. 2500011
Shakespeare: *Much Ado About Nothing* Best.-Nr. 2500241
Shakespeare: *Romeo and Juliet* .... Best.-Nr. 2500041
Shaw: *Pygmalion* .... Best.-Nr. 2500121
Shepard: *True West* .... Best.-Nr. 2500211
Williams: *A Streetcar Named Desire* .... Best.-Nr. 2500221

Englisch Training

Themenwortschatz .... Best.-Nr. 82451
Grammatikübung .... Best.-Nr. 82452
Übersetzungsübung .... Best.-Nr. 82454
Grundlagen, Arbeitstechniken und
Methoden mit Audio-CD .... Best.-Nr. 944601
Sprechfertigkeit mit Audio-CD .... Best.-Nr. 94467
Sprachmittlung .... Best.-Nr. 94469
Abitur-Wissen
Landeskunde Großbritannien .... Best.-Nr. 94461
Abitur-Wissen Landeskunde USA .... Best.-Nr. 94463
Abitur-Wissen
Englische Literaturgeschichte .... Best.-Nr. 94465
Kompakt-Wissen Kurzgrammatik .... Best.-Nr. 90461
Kompakt-Wissen Abitur
Themenwortschatz .... Best.-Nr. 90462
Kompakt-Wissen Abitur
Landeskunde/Literatur .... Best.-Nr. 90463
Kompakt-Wissen Grundwortschatz .... Best.-Nr. 90464

Latein Training

Abitur-Wissen
Lateinische Literaturgeschichte .... Best.-Nr. 94602
Abitur-Wissen Römische Philosophie .... Best.-Nr. 94604
Abitur-Wissen Prüfungswissen Latinum Best.-Nr. 94608
Kompakt-Wissen Kurzgrammatik .... Best.-Nr. 906011

Französisch Interpretationen

Camus: *L'Etranger/Der Fremde* .... Best.-Nr. 2550041
Sartre: *Huis clos/*
Geschlossene Gesellschaft .... Best.-Nr. 2550051
Schmitt: *Oscar et la dame rose* .... Best.-Nr. 2550071

Französisch Training

Landeskunde Frankreich .... Best.-Nr. 94501
Literatur .... Best.-Nr. 94502
Themenwortschatz .... Best.-Nr. 94503
Textarbeit Oberstufe .... Best.-Nr. 94504
Sprachmittlung · Übersetzung .... Best.-Nr. 94512
Abitur-Wissen
Französische Literaturgeschichte .... Best.-Nr. 94506
Kompakt-Wissen Abitur
Themenwortschatz .... Best.-Nr. 945010
Kompakt-Wissen Kurzgrammatik .... Best.-Nr. 945011
Kompakt-Wissen Grundwortschatz .... Best.-Nr. 905001

Spanisch

Kompakt-Wissen Abitur
Themenwortschatz .... Best.-Nr. 945401

Fachübergreifend

Richtig Lernen – Tipps und
Lernstrategien für die Oberstufe .... Best.-Nr. 10483
Referate und Facharbeiten
für die Oberstufe .... Best.-Nr. 10484
Training Methoden – Meinungen äußern,
Ergebnisse präsentieren .... Best.-Nr. 10486

Bestellungen bitte direkt an:

STARK Verlagsgesellschaft mbH & Co. KG · Postfach 1852 · 85318 Freising
Tel. 0180 3 179000* · Fax 0180 3 179001* · www.stark-verlag.de · info@stark-verlag.de
*9 Cent pro Min. aus dem deutschen Festnetz, Mobilfunk bis 42 Cent pro Min.
Aus dem Mobilfunknetz wählen Sie die Festnetznummer: 08167 9573-0

Lernen • Wissen • Zukunft

STARK